Michael Martin
Andreas Altmann

UNTERWEGS IN AFRIKA

UNTERWEGS IN AFRIKA

Fotografie: Michael Martin

Texte: Andreas Altmann

Michael Martin

Gestaltung: Anschi Hill

FREDERKING & THALER

FÜR ELKE
FÜR GINA, NATI, RITA, TONI UND DAVID

MICHAEL MARTIN

FÜR BIRGIT KARIN, DIE SANFTE KRIEGERIN
FÜR HAGEN, DEN HELDEN, DEN TÄNZER

ANDREAS ALTMANN

»Wenn deine Bilder nicht gut genug sind, warst du nicht nahe genug dran.« (Robert Capa)

Nähe ist das entscheidende Kriterium für meine fotografische Arbeit in Afrika. Nähe kann durch langjährigen Kontakt entstehen, kann sich aber auch innerhalb weniger Minuten zwischen den Menschen, die ich fotografiere, und mir als Fotografen entwickeln. Vorausgesetzt, ich gebe den Menschen, die ich fotografiere, das Gefühl, dass ich mich nicht nur für das Foto, sondern auch für ihre Situation interessiere.

Viele meiner Personenaufnahmen entstehen, indem sich die Porträtierten mir und meiner Kamera bewusst zuwenden. Andere Bilder ergeben sich aus der Situation heraus. Ich folge dabei Menschen in ihrem Alltag und warte auf entsprechende Augenblicke. Beide Arbeitsweisen setzen das Einverständnis der Fotografierten voraus. Auch ohne Dolmetscher gelingt es mir fast immer, mein Anliegen zu verdeutlichen. Manchmal erhalte ich eine Absage, die ich selbstverständlich respektiere. Ein kleiner Teil der Bilder entsteht aber auch, ohne dass ich vorher gefragt hätte – so zum Beispiel bei großen Menschenansammlungen wie im Gedränge einer Großstadt.

Landschaftsaufnahmen in Afrika erfordern ganz andere Voraussetzungen. Hier ist neben einer aussagekräftigen Landschaft vor allem das Licht von entscheidender Bedeutung. Die größte Chance, auf gutes Licht zu treffen, hat man in der Stunde vor und nach Sonnenauf- bzw. Sonnenuntergang. Dies ist die Zeit starker Kontraste, langer Schatten und intensiver Farben. Um diese Farben wiederzugeben, bedarf es bester Objektive, entsprechender Filme und spezieller Druckverfahren. Es kommt vor, dass ich manche Orte mehrmals aufsuchen muss, bis ich wirklich optimale Lichtverhältnisse vorfinde. Dies wird mühsam und zeitaufwändig, wenn solch ein Ort nur durch tagelange Fahrten oder Märsche zu erreichen ist.

Bei der Wahl meiner Ausrüstung setzte ich seit Jahren auf Leica-Spiegelreflexkameras und Leica-Objektive. Mir gefällt das Arbeiten mit soliden, hochwertigen Geräten, und ich verzichte gern auf die Möglichkeiten von Autofokus und Image-Stabilizern. So geht mir kein Hightech-Summen oder Piepsen auf die Nerven, und ich kann mich voll auf den Blick durch den Sucher konzentrieren. Außerdem schätze ich die Zuverlässigkeit der Kameras. Wenn es um die Zusammenstellung der richtigen Ausrüstung geht, bin ich oft in einem Konflikt. Schleppe ich alle Objektive und Gehäuse mit, die ich eventuell brauchen könnte, fühle ich mich durch eine entsprechend große und schwere Kameratasche behindert. Verzichte ich auf Teile der Ausrüstung, fühle ich mich zwar viel freier, kann mir aber sicher sein, dass ich gerade die zurückgelassenen Objektive gebraucht hätte. Oftmals habe ich auf Reisen die komplette Ausrüstung mit zwei Gehäusen und zehn Objektiven zwischen 15 mm und 280 mm Brennweite dabei, lasse jedoch einzelne Teile im Fahrzeug oder in der Unterkunft (sofern vorhanden) zurück.

Schon während meiner Reisen freue ich mich auf die Entwicklung der Filme, auf denen ich besonders gute Bilder vermute. Entscheidend ist nicht die Anzahl belichteter Filme, sondern es zählen für mich nur jene Aufnahmen, die wirklich »Bildbandqualität« besitzen. Mit der Zeit wurden meine Fotos zwar immer besser, meine Maßstäbe hierfür allerdings auch immer strenger. So bin ich heute froh, wenn pro Reisewoche wenigstens zwei bis drei Bilder entstehen, die meiner Meinung nach wirklich gut sind. Es gibt aber auch Tage und Wochen, in denen kein einziges gutes Bild zustande kommt, weil Landschaft und Licht eintönig sind oder ich alle Kraft dafür aufwenden muss, in Regenwald oder Wüste überhaupt voranzukommen.

Die Unzugänglichkeit vieler Gebiete in Afrika hat zwar den Vorteil, dass – abgesehen von einigen Postkartenmotiven – die meisten Länder des Kontinents fotografisch gesehen viel Unbekanntes bieten. Andererseits machen schwierige Pisten, geschlossene Grenzen, Banditen und schlechte Versorgungsmöglichkeiten jedem Afrikafotografen das Leben schwer. Fast die ganze Kraft fließt manchmal in das Erreichen des Motivs anstatt in sein Fotografieren. Es kann wichtiger sein, mit einem korrupten Polizisten verhandeln oder eine Kupplung wechseln zu können, als einen Raum perfekt mit Kunstlicht auszuleuchten.

DAS EINE AUGE DES FOTOGRAFEN SCHAUT WEIT GEÖFFNET DURCH DEN SUCHER. DAS ANDERE, DAS GESCHLOSSENE, BLICKT IN DIE EIGENE SEELE.

HENRI CARTIER-BRESSON

Fotografieren in Afrika wird auch in Zukunft abenteuerlich sein. So ergeben sich wie von selbst jene Geschichten und Erlebnisse, die meine Diavorträge prägen.

Michael Martin, München im September 2002

Unterwegs sein – unterwegs schreiben: Nennt mich jemand einen »Reiseschriftsteller«, will ich rausrennen und losheulen. Fällt diese Berufsbezeichnung, dann sehe ich immer einen Wichtigen vor mir, einen Pompösen. Einen, der von weit weg zuschaut und anschließend auf seinen

UND HÖRE NACHTS DIE LOKOMOTIVEN PFEIFEN, SEHNSÜCHTIG SCHREIT DIE FERNE, UND ICH DREHE MICH IM BETT HERUM UND DENKE: »REISEN...«

KURT TUCHOLSKY

reservierten Mittagstisch im feinen Speisewagen zugeht. Hier genießt unser Mann die »herrliche« Landschaft und entwirft erste Aufzeichnungen für das nächste Buch: »Abenteuer Zug«. Ich will es mit den weniger Pompösen halten, ich bin nur Schreiber, der nebenbei reist. Das ist einer, der näher kommt und bisweilen auf sein Mittagessen verzichten muss. Um das Gesehene – im Schweinsgalopp – vor jenen in Sicherheit zu bringen, die nicht wollen, dass sie gesehen werden. Reiseschriftsteller sind rund, reisende Schreiber eher schlaflos. Die Neugierigsten unter ihnen machen es wie Gandhi, der auf die Frage, warum er die dritte Klasse benutze, antwortete: »Weil es eine vierte nicht gibt.« Der Alte wusste, wo die besseren Storys zu finden sind.

Ich soll von den Mühen des Schreibens unterwegs berichten. Aber davor liegen die Mühen der »Stoffsammlung«, eben genug Stoff, sprich genug Leben einzusammeln, das des Schreibens wert ist.

Erstes Gebot: nie »offiziell« auftreten, stets die Neugier vertuschen. Ein Wichtigtuer mit großem Block und großem Griffel, wenn möglich noch mit imposanter Kamera hantierend: Man weiß umgehend, dass er ein Produkt abliefern wird, das den Lesern das Kostbarste raubt, das sie besitzen – Lebenszeit.

Ich habe Glück, ich bin kindisch, will spielen. Noch immer. Ich lüge gern, erfinde mir dreimal am Tag eine neue Identität. Lügen muss sein, mehr denn je bin ich überzeugt, dass die Wirklichkeit – um das dramatische Wort »Wahrheit« zu vermeiden – Angst hat. Ja, sich versteckt, wohl ahnt, was sie anrichten würde, käme sie »heraus«. Drei schnelle Beispiele eines Lügners: Bei einem christlich-amerikanischen Prediger, der seit Jahrzehnten auf alles spuckt, was Freude und Lust verschafft, trat ich als Sünder auf, als einer, der

»ununterbrochen an nackte Frauen denken muss«. Nie und nimmer hätte ich die Hanswurstiade einer Teufelsaustreibung – »Nacktheit ist des Satans!« – erleben dürfen, wäre ich als offizieller Berichterstatter vorbeigekommen.

Als ich mich in einem Crackhouse in Brooklyn einquartierte, bin ich der kokshungrige Junkie, der hier Unterschlupf findet. Wie sonst erfahren von der Misere dieses Lebens? Stocherte ich vor den Toren Mexiko Citys in qualmenden Müllhalden – fest in lokalen Mafiahänden –, dann stocherte ich als Lumpensammler, der andere Lumpensammler aushorchte. Die Mafia wird mich nicht aufklären.

Viele Situationen auf einer Reise sind friedlicher. Aber ich spiele weiter, bin (fast) nie Schreiber, bin schwedischer Filmschauspieler, Philosophie-Professor, Cessna-Pilot in Kenia. Oder Taugenichts, abgebrochener Jurastudent, Streuner, Strawanzer, bin immer das, was den anderen – jenen, den ich verdächtige, eine Geschichte in petto zu haben – am ehesten entspannen könnte. Damit dieser berührende, so intime Vorgang seinen Anfang nimmt: Einer erzählt, einer hört zu.

Von diesem Augenblick an – wenn Stoff und Leben auf meiner Festplatte im Kopf eintreffen – beginnt die zweite Mühe: das Sichern. Klar, auch jetzt: Diskretion. Der Anblick eines Schreibenden hat eine seltsam irritierende Wirkung auf den, dessen Vertraulichkeiten notiert werden. Das riecht nach Staat, nach Polizei, nach Konsequenzen.

So spiele ich die Hure, wispere sanfte Worte der Beschwichtigung, erreiche endlich den Zustand, in dem der andere mich vergisst und hemmungslos loslegt. Dennoch, häufig hilft kein Wispern, oft verstopft das Herausziehen eines Bleistifts jede Informationsquelle. In solcher Lage nützt ein muskulöses Gedächtnis, die Kunst der Eselsbrücke und das Vortäuschen einer Blasenentzündung: Wie oft habe ich mich in derlei Situationen – vor Jähzornigen, vor Misstrauischen, vor notorischen Verrätern – auf eine Toilette verzogen, um aus dem linken Stiefel einen Fetzen Papier und einen Stummel zu fischen und hastig ein paar Stichworte hinzukritzeln.

Wie beruhigend: Irgendwann kommt die Gelegenheit, ungeniert meinem Beruf nachzugehen: in einem Hotelzimmer, im versteckten Eck einer Bar, in der Zelle eines Klosters. Jetzt die Fetzen einsammeln und nach den richtigen Wörtern fahnden. Damit Sprache entsteht. Das ist ein schwerwiegendes Glück: noch einmal an den Tatort zurückkehren, noch einmal leben dürfen.

Andreas Altmann, Paris im September 2002

UNTERWEGS IN DER SAHARA

Ich war siebzehn Jahre alt, als ich mit einem Mofa in die marokkanische Sahara aufbrach und hatte keinerlei Vorstellung, was mich erwartete. Entsprachen die verlockenden Wüstenschilderungen aus 1001 Nacht der Wirklichkeit, oder würden sich die Warnungen der Freunde bewahrheiten? Im August 1980 stand ich im Erg Chebi erstmals auf einem Dünenkamm und blickte über ein Dünenmeer nach Süden. Ich träumte von Karawanen, die von Marrakesch nach Timbuktu zogen, und beschloss, die Sahara kennen zu lernen.

Zwanzig Jahre später, nach vierzig Saharareisen, kam ich im April 2000 mit meiner Freundin Elke für das Buchprojekt »Die Wüsten der Erde« wieder an den gleichen Ort. Das Fahrzeug, ein altersschwacher Peugeot 205, war zwar ähnlich ungeeignet für eine Wüstenstrecke wie damals

das Mofa, aber ansonsten hatte sich viel verändert. Als Jugendlicher sah ich die Sahara als gigantischen Sandkasten, den ich mit allen möglichen Fahrzeugen unbedingt durchqueren musste. Die Sahara war eine Herausforderung für mich, ein einziges Abenteuer. Auch heute, da ich als erfahrener Wüstenfotograf unterwegs bin, sind meine Reisen oftmals abenteuerlich, doch das Abenteuer ist nicht mehr Selbstzweck, vielmehr ein begleitender Umstand. Mein Interesse gilt heute der Dokumentation der Wüsten und vor allem ihrer Bewohner.

Die Sahara ist mit einer Fläche von fast 9 Millionen qkm die mit Abstand größte Wüste der Erde. Sie erstreckt sich 6000 km vom Atlantik bis zum Roten Meer, ihre Nord-Süd-Ausdehnung beträgt 2500 km. Die Geografen sprechen von einem »Wüstenkontinent«. Das hervorstechende Merkmal der Sahara ist ihre extreme Trockenheit. Niederschlagsmengen zwischen 0 und 150 mm pro Jahr (manche Teile Afrikas haben 4 000 mm Niederschlag!) steht eine potentielle Verdunstung von bis zu 7 000 mm gegenüber. Das heißt, ein 7 m tiefer See wäre in einem Jahr verdunstet. Die wenigen Niederschläge fallen unregelmäßig und bleiben in manchen Landstrichen für Jahrzehnte aus.

Die extreme Trockenheit der Sahara ist in Zusammenhang mit der globalen atmosphärischen Zirkulation zu sehen. Über den Regenwäldern Zentralafrikas steigen feuchte Luftmassen auf, die sich zu beiden Wendekreisen hin ausbreiten. Über den Wendekreisen sinken diese Luftmassen ab, erwärmen sich und trocknen so stark ab, dass kein Niederschlag mehr entstehen kann. Die Sahara ist eine typische Wendekreiswüste.

Schon seit Stunden sahen wir das Aïr-Gebirge als schwarzen Streifen am Horizont vor uns. Plötzlich gehen die ebenen Sandflächen der Tenere-Wüste in eine Dünenlandschaft über. Sie zu durchqueren kostet uns einige Mühe, doch dann steht unser Geländewagen vor dem Eingang zur »Krabbenschere«, einer nahezu kreisrunden Felsformation von 20 km Durchmesser. Es handelt sich um den Stumpf eines von der Erosion abgetragenen, ehemals mächtigen Vulkans. Im Osten öffnet sich das riesige Amphitheater, sodass der Nordostpassat den Sand der Tenere hineinblasen und zu gewaltigen Dünen auftürmen kann. Am Fuß der Dünen habe ich oftmals Tuaregnomaden getroffen, die dort in den Wadis lagern.

■ Wir hatten unser Zelt auf dem Karawanenplatz der Oase Fachi inmitten lagernder Kamele aufgeschlagen, um den Aufbruch der Salzkarawanen am nächsten Morgen zu fotografieren. Die Morgendämmerung ist noch fern, als die Männer beginnen, die laut blökenden und um sich beißenden Kamele mit jeweils vier schweren Salzkegeln zu beladen. Das Salz haben sie in den letzten Tagen in Fachi gegen Hirse, Zucker und Tee eingehandelt und werden es nun durch die Tenere in den Sahel transportieren. Salz aus Fachi und

Bilma ist auf den Sahelmärkten als Viehsalz hoch begehrt und sorgt so dafür, dass die Tarhalamt, die Salzkarawane der Kel Ewey Tuareg aus dem Aïr-Gebirge, bis heute fortbesteht. Der Karawane steht eine strapaziöse Reise bevor. Die wenigen Brunnen auf der Route durch die Tenere liegen so weit auseinander, dass Gewaltmärsche von täglich 20 Stunden notwendig sind, um nach jeweils drei bis vier Tagen eine der rettenden Wasserstellen zu erreichen.

■ Ein Januarnachmittag am Rande des Plateaus von Djado. Das Fotolicht war perfekt, die Landschaft von einzigartiger Schönheit. Ich stehe am Hang der Düne und wechsle den Film, als unten ein Landcruiser angerast kommt. Auf der Ladefläche erkenne ich Männer, dazwischen eine Flak. Rasch verschwinde ich hinter dem Dünenkamm und beobachte, wie der Wagen hält, wie die Männer, mit Maschinengewehren bewaffnet, von der Ladefläche springen und unseren Lagerplatz umstellen. Meine Reisepartner bewahren Fassung, einer ist sogar abgebrüht genug, seine wertvolle Uhr blitzschnell im Sand zu vergraben. Was die Männer wollen, kann ich von meiner Position aus nicht feststellen. Angesichts der auf meine Reisepartner gerichteten Maschinengewehre mag ich nicht an einen Freundschaftsbesuch glauben. Einer der uns begleitenden Tuareg kocht allerdings Tee. Drei Stunden verharre ich hinter dem Dünenkamm und beobachte mit meinem Teleobjektiv die sechs Männer. Zwei trinken ausdauernd Tee, die anderen vier sichern nach allen Seiten. Kurz nach Sonnenuntergang löst sich die Spannung. Die Männer erhalten von uns Ersatzteile für ihren Toyota Landcruiser, verabschieden sich höflich und verschwinden mit ihrem Wagen hinter einer Düne. Es waren Mitglieder der Tubu-Befreiungsfront, die inzwischen Teile des Plateaus von Djado kontrolliert.

MAURETANIEN

MIT DEM ZUG DURCH DIE WÜSTE

Am nächsten Morgen noch einmal zwanzig Kilometer durch Niemandsland, Wüstenland im Süden Marokkos. Jetzt ohne militärischen Begleitschutz. Schwerer Sand, Hügel, die Flüche der Fahrer, die wegsacken. Nach zwei Stunden ragt eine Skispitze der Firma Fischer aus dem Boden, daneben ein Kotflügel als Schranke, dahinter ein Soldat, der mit seiner MP in der Sonne lungert.

Dieser erste Augenschein so wahrheitsgetreu, verrät so vieles über dieses Land. Hier beginnt Mauretanien: knapp über eine Million Quadratkilometer Fläche, knapp über zwei Millionen Einwohner, knapp unter zwei Dollar durchschnittlicher Tagesverdienst. Scheu sind sie hier, erzählt man, misstrauisch und fern der Welt. Was verlockt, was die Neugier des Fremden einmal mehr antreibt. Vier Stunden lang werden wir kontrolliert. Dass mein Visum nicht korrekt ist, nur gültig für die Einreise per Flugzeug, fällt nicht auf. Die Grenzer haben andere Prioritäten. Sie wollen Beute machen. Bei Jean-Paul wird ihre Mühe belohnt. Aus dem Backrohr eines Gasofens – der Franzose verschiebt auch Alteisen nach Schwarzafrika – ziehen sie einen Kasten Bier und, noch delikater in einem islamischen Land, zwei Penthouse-Hefte. Erregt werden der Alkohol (streng verboten) und die Sexmagazine (strengstens verboten) beschlagnahmt. Nicht auf der Stelle vernichtet, sondern sogleich in Sicherheit gebracht. Um sich – so ist zu vermuten beim Anblick der allein stehenden Herren – im Schutze der eigenen Wände weiterhin zu erregen über den moralischen Verfall westlicher Sitten.

Dass einer meine weiß schimmernden Wasserreinigungstabletten für Kokainpillen hält, muss ich ihm geduldig ausreden. Um sein Leben zu retten. Er ist dabei, sie zu verschlucken. Als Test. Um mich als Drogenhändler zu überführen. Landen die Kapseln in seinem Bauch, wird er elendiglich verrecken. Irgendwann gibt der Zöllner nach, ohne Angabe von Gründen. Möglich auch, dass ihm der heutige Feierabend einfiel. Nicht immer warten so vehement verbotene Freuden auf ihn.

Am frühen Abend in Nouadhibou, 60 000 Einwohner, zweitgrößte Stadt des Landes, wichtigster Hafen. Monsieur Taya, Chef im Zollhaus und der zwölfte Beamte, an dem wir vorbeimüssen, erweist sich als praktisch und kooperativ. Von seinem Fenster aus zeigt er auf einen Kerl: »Das ist eine Kanaille. Tauscht bei ihm kein Geld.« Dann deutet er auf einen Knirps, empfiehlt ihn als ehrlichen Schwarzhändler.

Die Autoschieber aus Paris und ich gehen auseinander. Jetzt müssen wir uns trennen, ich will wieder allein reisen. Sie suchen einen Pfadfinder, der sie über die 525 Kilometer lange Wüstenspur nach Nuakchott, der Hauptstadt, lotst. Dort beginnt ihr Business. Ich suche ein Hotel. Direkt neben dem Markt steht das Niabina. Ich bin der einzige Gast. »Directeur« Alassane jedoch legt ungebrochen Wert auf erstklassigen Service, er fragt besorgt:

– Sind Sie allein?

– Ja.

– Kein Problem, ich schicke Ihnen gleich ein Mädchen hinauf.

Wie wohltuend so eine unscheinheilige Sprache inmitten so viel verordneter Scheinheiligkeit. Wie beruhigend. Die Spielregeln sind geheim und jeder weiß sie: Lasse ich jemanden kommen, bezahle ich – abgesehen vom Stundenlohn für die Besucherin – tausend Ouguiya an das Hotel. Denn Alassane überweist monatlich einen gehobenen Betrag an die hiesige Polizei. Damit niemand den Geschlechtsverkehr zwischen Hotelgästen und den verfügbaren Damen aus der Nachbarschaft stört.

Am nächsten Tag muss ich rennen. Die einzelnen Bestandteile eines Frühstücks organisieren, einen vorletzten Stempel bei der Polizei abholen, eine Bank finden, die schon einmal das Wort »traveller's check« gehört hat, einer Militärstreife erklären, warum ich am helllichten Tag durch die Stadt gehe, die hilfsbereiten Mauretanier nach dem Weg fragen und dabei etwas über Afrika lernen. Weil nie einer sagt: »Tut mir Leid, ich weiß es nicht.« Weil jeder in eine Richtung zeigt und dabei wortreich erklärt, wo es langgeht. Und wäre er ohne den blassesten Schimmer. Aber sein Tun verrät Anteilnahme. Er will mich nicht mit dem grausamen Gefühl stehen lassen, allein zu sein. Ohne Orientierung, ohne die Wärme einer Gewissheit. Dass man drei Ecken weiter wieder von vorn anfangen muss, da hoffnungsloser denn je von der Stelle entfernt, die man suchte, das soll nicht kümmern. Der Augenblick zählt, die Tatsache, dass einer nicht einsam ist.

Belohnt für alle Irrwege werde ich von Ravine. Er ist Friseur, der sorgsamste von allen. Noch keiner hat so viel Zeit in mein Haar investiert. Vor seinem Fenster hängen gemalte Köpfe mit verschiedenen Haartrachten. Man muss sich entscheiden: zwischen *Amerikanischer Soldat, Italienische Tolle* und *Frank Zappa*. Behutsam muss ich den überzeugen, dass mein Haupthaar für solch bombastische Extratouren nicht ausreicht. Er diszipliniert sich. Nicht ohne innere Kämpfe. Diskret onduliert darf ich nach zwei Stunden hinaus.

Von Nouadhibou wird keiner träumen. Am Strand der Fischer liegen tote Esel und stinken aus ihren in der Sonne schmorenden Eingeweiden. In den Slums blöken Fünfjährige hundert Mal den gleichen Satz in die Hitze. Die Geräusche einer Koranschule. Alles in Arabisch. Das keiner versteht. Das Aufregendste vor Ort ist eine »Boulangerie Mondiale«, eine Welt-Bäckerei, ein paar zusammengenagelte Bretter mit einem Loch, durch das der Bäcker seinen Arm rausstreckt und Brot verkauft. In den Kaschemmen dösen Nigerianer, hoffen auf falsche Papiere und einen Fluchtweg zu den Kanarischen Inseln. Das wäre Spanien, das wäre Europa. An hundert Tagen im Jahr stiebt ein böser Wind über die Straßen.

Ich kaufe ein Ticket. Draußen vor der Stadt liegt der »Bahnhof«. In der zwei mal zwei Meter kleinen Blechhütte steht eine Schaufel. Um den Verschlag auszugraben, bevor er im Wüstensand zu verschwinden droht. Zwischen 15 und 16 Uhr hält hier ein Zug. Der längste der Welt, heißt es. Auf der einzigen Schiene, die das Land besitzt. Um die Eisenerzmine Zouérat mit dem Hafen zu verbinden. Ist der Rohstoff gelöscht, geht es leer zurück. Hunderte warten, wollen mit, wohnen in den Oasen entlang der Strecke.

Der junge Yussupha spricht mich an. Er versuchte in Nouadhibou seinen Bruder zu besuchen, einen Seemann. Als er ankommt, ist der andere unbekannt verzogen. Jetzt reist er die tausend Kilometer wieder nach Hause. »Im ganzen Leben lang will ich dein Freund sein«, sagt er. Mein ganzes Leben werde ich ihn nicht vergessen, erzählt er doch eine unglaubliche Geschichte: Der Vater stirbt früh, Yussupha lebt mit seinen Geschwistern und der Mutter weiter im selben Dorf. Bis der Achtjährige begreift, dass er hier keine Chance bekommt. Dass er hier verdämmern wird wie alle anderen. Er packt ein paar Bananen und Maiskolben ein und verlässt die heulende Familie. Sieben Stunden marschiert er. Bis er einen Ort erreicht, in dem sich eine Schule befindet. Er fragt nach dem Haus des Rektors, klopft an die Tür und sagt die bewegenden Sätze: »Ich kann nicht lesen und schreiben. Ich will lernen, bitte unterrichte mich.«

Bis heute hat Yussupha diese Lust auf Lernen nicht verlassen. Jedesmal, wenn ich ein englisches Wort ausspreche, das er nicht versteht, zieht er sein Schreibheft heraus, lässt sich Schreibweise und Bedeutung erklären, notiert es. Versucht sogleich, es zu memorieren. Ein Wundermensch in einem Ozean bodenloser Lethargie.

Der Zug fährt ein. Alles wetzt los. Ein einziger Waggon steht für die Passagiere zur Verfügung. Und alle müssen da hinein. Ziegen, Ölfässer, Krüppel, Krücken, Babys, Eisenkisten, Mehlsäcke, dicke Mammis, vier Bettgarnituren. Die ärmsten Schlucker und Yussupha und ich haben es besser. Kostenlos stehen uns die zweihundertfünfzig offenen Güterwagen zur Verfügung. Man verrußt schon beim Hineinklettern. Aber Platz gibt es und einen One-million-dollar-Blick auf die Wüste.

Knapp fünfhundert Kilometer fahren und schauen. Vorbei an rostigen Gefechtsständen, peinlichen Souvenirs eines verlorenen Kriegs gegen die Polisario. Dreitausend Meter weit vorne keucht die Dreck speiende Lok. Um uns ein halber Erdteil voller Sand. Über uns der Lichtjahre ferne Himmel, fahlblau und feuerheiß. Immer wieder kurze Stopps, denn in der Nähe liegt eine Oase. Kamele stehen bereit, Transportmittel für ankommende Passagiere. Manchmal rennen Kinder entlang der Gleise, jemand wirft Brot hinaus, sie schreien vor Glück. Als mir die Augen brennen, zugeklebt vom schwarzen Eisenerzstaub, steige ich in den Personenwagon. Schaffner Metraka besorgt mir eine Flasche Wasser, zum Waschen. Wir reden. Er ist ein einfacher Mann, irgendwann traut er sich fragen:

– Vous êtes touriste?

– Non, je suis voyageur.

– Ah, voyageur seulement.

Wie lange musste ich reisen, um eine so klare Definition zu hören. »Nur ein Reisender«, wie genau das klingt. Denn der Tourist ist reich, will den Luxus, gibt aus, kauft ein, beeindruckt. Der Reisende beeindruckt niemanden. Er hat nichts. Nur seine Neugier und den schmutzigen Rucksack. Die will keiner, sind beide doch unverkäuflich.

Bei Einbruch der Dunkelheit kehre ich zurück in den Güterwagen. Ich will die Sterne nicht verpassen. Und nicht einen dieser Momente, von denen Cesare Pavese in seinem Buch »Das Handwerk des Lebens« spricht: »Reisen ist eine Gemeinheit. Es zwingt dich, Fremden zu vertrauen und wegzugehen von der Wärme deines Zuhauses und deiner Freunde. Du bist ununterbrochen aus dem Gleichgewicht. Nichts gehört dir, nichts als die absolut notwendigsten Dinge – die Luft, der Schlaf, die Träume, das Meer, der Himmel – alles Dinge, die mit Ewigkeit zu tun haben. Oder eben mit dem, was wir uns darunter vorstellen.« ■

UNTERWEGS IM SAHEL

Der Begriff »Sahel« kommt aus dem Arabischen und bedeutet Ufer. Für die großen Transsahara-Karawanen war das Gebiet, das sich südlich an die Sahara anschließt, das lang ersehnte Ufer, das sie nach vielen Monaten Marsch durch die Sahara zu erreichen hofften.

Mir erging es auf meinen ersten Transsahara-Reisen ähnlich. Meine Autos waren klapprig und die gewählten Pisten so schwierig, dass ich oftmals das Erreichen des Sahel herbeisehnte. Waren wir erst einmal im Sahel, konnte nicht mehr viel passieren: Dort standen Schirmakazien, unter denen wir Schatten fanden, dort lebten Nomaden, die wir nach dem Weg fragen konnten,

und dort fanden sich regelmäßig Brunnen, an denen wir unsere Wasserkanister füllten. Der Begriff »Sahel« wurde für mich so zum Synonym für Leben – ganz im Gegensatz zu dem Bild, das die Medien vermitteln, die den Sahel oftmals mit Dürre und Hunger gleichsetzen.

Der Sahel ist Lebensraum für Hunderte von Nomadenvölkern, die mit ihren Herden im 400 km schmalen Gürtel zwischen Mauretanien im Westen und Sudan im Osten leben. Die Niederschläge liegen hier normalerweise zwischen 150 mm und 500 mm im Jahr. Fällt ausreichend Regen, finden Menschen und Tiere im jährlichen Rhythmus von langer Trockenheit und kurzer Regenzeit ihr Auskommen, indem sie den Weideflächen folgen. Fallen die sommerlichen Niederschläge aber zu gering oder ganz aus, geraten Menschen und Tiere schnell in Gefahr, denn ein Ausweichen in den feuchteren Süden wird durch das Vordringen der Ackerbauregionen unmöglich gemacht.

Die ökologische Situation des Sahel verschlechtert sich seit Jahrzehnten aufgrund zunehmender Desertifikation. Darunter versteht man die komplexen Vorgänge, die zur Ausbreitung der Wüste führen. Verursacht sind sie meist vom Menschen, beispielsweise durch übermäßigen Brennholzeinschlag, Überweidung und Verstädterung.

■ Das Bild der im Niger schwimmenden Pirogen tauchte bei meinen zahlreichen Saharadurchquerungen immer dann vor meinen Augen auf, wenn wir mit unseren altersschwachen Peugeots mal wieder in einem der Sandfelder der Tanezrouft-Wüste stecken geblieben waren und das Ziel, die Stadt Gao am Niger, unerreichbar schien. Die »Tanezrouftpiste« ist bis heute eine der beiden wichtigsten Nord-Süd-Verbindungen durch die Sahara.

In Agadez packte ein Straßenjunge meine Hand und zog mich zielstrebig durch die Gassen des großen Markts. Er würde mich zum echten Mohamed Kamatma führen, dem berühmtesten Silberschmied der Tuareg. Zwei andere Silberschmiede waren mir bereits als Mohamed Kamatma vorgestellt worden, so bestand aller Grund zur Skepsis. In einer Seitengasse kommen wir zu einem bescheidenen Lehmhaus, in dem es von Menschen nur so wimmelt. Mitten zwischen ihnen, auf einem mit Wäscheleine umwickelten Eisenstuhl, sitzt ein alter Mann und feilt mit knappen Handbewegungen an einer Gazelle aus Silber. Mit ihrer außergewöhnlichen, eleganten Form sind alle Fragen nach dem echten Mohamed Kamatma beantwortet.

■ Später Vormittag auf dem Markt von Agadez. Die Hitze hat die letzten Winkel erfasst. Der Markt lichtet sich, die Händler gestikulieren langsamer, ihre Zurufe werden matter, nur die Fliegen kreisen nach wie vor rastlos um die Fleischberge. Bis zum späten Nachmittag erlischt das Leben. Ungeduldig laufe ich noch eine Zeitlang mit meiner Kamera durch die Gassen, bis ich einsehe, dass auch ein Fotograf die heißen Mittagsstunden besser schlafend verbringen sollte.

■ Auf meinen Reisen durch Mauretanien erlebte ich die hellhäutigen Mauren oft als verschlossen und abweisend. Nur wenn unser Gespräch auf ihre Kamele kam, huschte manchmal ein Lächeln über ihre fein geschnittenen Gesichter. Die Mauren lieben ihre Kamele und sind stolz auf ihre bis heute oft nomadische Lebensweise. Selbst Stadtbewohner schicken ihre Frauen, Alten und Kinder in den feuchteren Sommermonaten »en brousse«, in den »Busch«, um die Familie durch eine Kamelmilchkur zu stärken.

■ Auf dem Kamelmarkt von Agadez treffen die unterschiedlichsten Lebensweisen und Völker aufeinander. Nomadische, mit Chechs verhüllte Tuareg treffen auf modern gekleidete Städter im Netzhemd. Gemeinsame Sprache der verschiedenen Völker ist die alte Kolonialsprache Französisch.

■ Die Lebensbedingungen der Nomaden in der Sahelzone übersteigen oftmals unser Vorstellungsvermögen. Ihr Alltag besteht aus einem dauernden Kampf gegen Trockenheit und Sand. In einer extrem kleinen Nische versuchen sie mit ihren Rinder- und Ziegenherden zu überleben. Bereits minimale Wetterschwankungen bringen Menschen und Tieren Hunger und Verderben. Noch nie aber habe ich Nomaden im Sahel klagen gehört. Sie wirken meist sehr selbstbewusst und strahlen starke Zuversicht aus.

TIMBUKTU

DAS SCHEUE GEHEIMNIS

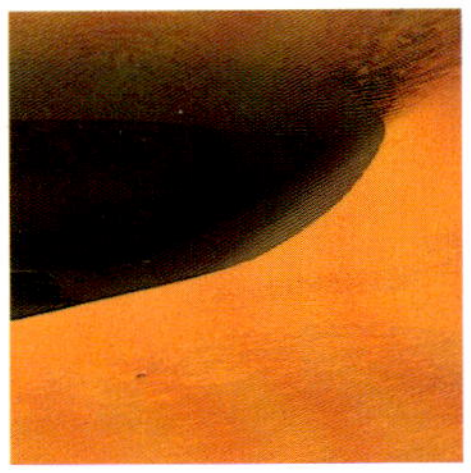

Spätnachts Ankunft in Mopti. Der kleine Mohamed schleppt mich ab. Von der Busstation zum Campement, zum Bruchbudenhotel, wo er eine Kommission kassiert. Auf Zimmer Nummer 11 flog gerade die Decke herunter, aber der Nebenraum gilt als wetterfest.

Am nächsten Morgen im Eilschritt ins Büro der Schifffahrtsgesellschaft, eine Fahrkarte kaufen. Niemand da, nur der Schreibtisch. Ich gehe hinaus und frage den Türwächter, wo der zuständige Mensch sei. »Aber ja doch«, meint er und schreit »Amadou«. Ein wehleidiges Stöhnen folgt und ein verschlafener Dicker kriecht unter dem einzigen Möbel hervor. Der Billeteur beim Auftauchen aus seinem 10.43-Uhr-Schlummer. Ich bitte um Entschuldigung und ein Ticket. Amadou verzeiht mir lächelnd, versorgt mich mit allem, auch mit der beruhigenden Auskunft, dass es übermorgen nach Timbuktu losgehe. Ich ziehe aufs Schiff, will nichts versäumen.

Ich versäume nichts, denn hier haben sie Krieg. Im Süden des Landes konnte man ihn vergessen. Im Norden wütet er. Wer diese Stadt verlässt, riskiert sein Leben. Die Tuareg gegen die Schwarzen. Ewig schwelender Hass. Die Nomaden vegetieren in den Wüsten des Nordens, noch bettelärmer als der bettelarme Süden. Und die Schwarzafrikaner spüren seit Jahrhunderten die Verachtung der *blauen Männer*, wollen nicht verzeihen, dass sie so lange nichts anderes als Sklaven waren.

Unser Schiff – schon voll von Hennen und Händlern – bleibt liegen. Die Soldaten aus der nahen Kaserne sind nicht bereit, die Besatzung zu begleiten. Nur bei drastischer Erhöhung ihres Solds. Aber drastisch werden die Löhne in Mali nie erhöht, das Land ist pleite. Die Bauern sammeln ihre verfaulten Mangos ein, ich ziehe aus meiner glühenden Kabine. Der Landweg nach Timbuktu ist ebenfalls geschlossen. Versperrt vom Schlamm der Regenzeit und dem Krieg. Aber es gibt einen Ausweg, ein Flugzeug. Und es gibt René Caillié, den Mutmacher, den Antreiber.

Seit Tagen lese ich (wieder) seine Memoiren. Er war der erste Europäer, der Timbuktu sah. Und überlebte. Einmal schrieb er: »Diese Stadt wurde das unaufhörliche Objekt meiner Gedanken, das Ziel all meiner Anstrengungen. Ich nahm mir vor, sie zu betreten oder zugrunde zu gehen.« Der tapfere

René. Was er vor hundertvierundsiebzig Jahren auf sich nahm, um seine Sehnsüchte nicht preiszugeben, das fordert atemlose Bewunderung.

Mich jagen andere Ängste, moderne. Mehr Einbildung als tatsächliche Gefahr. Aber der Schrecken beim Anblick eines 28-jährigen Modells russischer Luftfahrttechnik ist zäh und gemein. Auf löchriger Startbahn steht eine blecherne Andropov. Doch der Copilot verspricht lächelnd, dass die Kiste die nächsten vierhundert Kilometer nicht herunterfallen wird. Ich denke an René, er wird mich behüten. Ich will ihn nicht enttäuschen. Zu oft hat er mir von »Tombouctou« geredet, mich längst versucht mit seiner Neugier.

Flug über die nackte Sahel. Menschenleer, nur Sand und Sumpf und die braune Ader des Niger. Andrej hält Wort, wir stürzen die ganzen neunzig Minuten nicht ab. Dann harte Landung in Timbuktu. Den Pistenrand überwacht die malische Armee, die Maschinengewehre hinaus auf die Wüste gerichtet. Wieder Erinnerung an einen Konflikt, der hier den Sand mit Blut tränkt.

Wer diese Stadt betritt mit den verkehrten Vorstellungen, der wird heulen vor Verdrossenheit. Die märchenhafte Oase, durch die einst Karawanen auf ihrem Weg von Afrikas Westküste nach Damaskus zogen, überladen mit Salz, Seide, Gold, Wissen und Sklaven, die gibt es nicht. Nicht mehr. So wenig wie jene Universität, übervölkert von nach Gedanken hungernden Studenten und den Wissenschaftlern, jenen schlaflosen Neugierigen, die Namen für Tiere und Pflanzen erfanden, sich erste Augen-Operationen trauten (14. Jahrhundert!), nach dem Ursprung der Wörter suchten und die Ziffer Null in die Mathematik einführten, sodass eins und eins für alle Zeit zwei ergibt.

Mancher riskierte sein Leben, um hier anzukommen. Und ging kopfschüttelnd davon, nicht fassend, was an diesem Verhau von Lehmhäusern so hinreißend sein soll. Für all die Beleidigten hat der französische Reporter Albert Londres – nicht weniger rasend als Egon Erwin Kisch – fünf Sätze aufgeschrieben, zum sorgfältig Nachlesen: »Alle sind gekommen, um ein Geheimnis zu sehen. Ohne Erfolg, wie es scheint. Aber ein Geheimnis sieht man nicht, meine Freunde. Man spürt es. Es äußert sich ohne Stimme, lautlos, wie ein Taubstummer.«

Wanderungen durch das Mittelalter. Gassen, Gässlein, tausend Winkel. Die von Sonne und Regen geschrumpften Flachbauten. Frauen, die in den Öfen neben der Straße das Brot backen. Das Gejohle und das Schnalzen der Peitschenhiebe aus den Koranschulen. Ein verdörrter Steinhügel als Friedhof, die rostige Leichenbahre neben dem Eingangstor. Die Ziegen treibenden Kinder. Die Alten, die am helllichten Tag in die Hocke gehen und öffentlich ihre großen und kleinen Bedürfnisse erledigen. Männer, die bei schwerer Hitze in zwanzig Meter tiefe Krater hinuntersteigen, um mit zwei Kanistern Wasser nach oben zu keuchen. Nahrung für ein paar Quadratmeter Gemüse.

Spurensuche, zurück ins neunzehnte Jahrhundert. Ich finde das Haus, in dem René Caillié lebte. Ein einfacher Schuster aus Frankreich, der seinen Beruf wegwarf und als 17-Jähriger beschloss, sein Leben herzugeben für einen Traum. Geschwächt von Angst, Entbehrung und bösartigen Infektionen kommt er am 23.4.1828 hier an. Um nach elf Tagen wieder abzureisen. Wieder heimlich, wieder unter Lebensgefahr. Und um zehn Jahre später, noch nicht vierzig, endgültig an Timbuktu und den heimgeschleppten Entsagungen zu sterben. »Hütet euch vor den Sehnsüchten, die in Erfüllung gehen.« Caillié hat diesen Satz von Mallarmé wohl nie gelesen.

Ein anderer Gigant war der deutsche Geograf Heinrich Barth. Schullehrer Alphadi – er wohnt in dem Haus, in dem Barth ein Zimmer gemietet hatte – lädt mich zum Tee herein. Barths Leistungen sind überirdisch. Die Durchquerung der Sahara lag bereits hinter ihm, als er 1853 in Timbuktu ankam. Zwei Jahre lang konnte er seine Identität verstecken und – hundert Vorsichtsmaßnahmen bedenkend – ausgiebigen Forschungsarbeiten nachgehen. Er sprach fließend Arabisch und sah, so heißt es, irgendwann genauso aus wie seine einheimischen Nachbarn. Bis zu dem Tag, an dem er als »Christenmensch« entlarvt wurde. Seine arabischen Freunde warnen ihn. Die Flucht gelingt. Als 45-Jähriger stirbt Barth. Afrika zehrt.

Albert Londres hat recht, mit jedem Wort. Die Magie dieser Stadt lässt sich nicht vertreiben. Vielleicht hat es mit ihrer Lage zu tun, ihrer Verlassenheit. Nur Dörfer, nur ein Fluss, nur hunderttausend Quadratkilometer Wüste liegen in ihrer Nähe.

Am nächsten Tag sitze ich in der Bibliothèque Ahmed Baba. Ich bin allein. Was nicht verwundern sollte. Augenblicklich scheint dieser Fleck geistig schlecht durchlüftet. Anderer Männer und Frauen Gedanken verschimmeln in ungelesenen Büchern, ein strammer Islam herrscht.

Märchenstille Bücherei. Ich versinke, bis mich jemand sanft an der Schulter fasst. Der Hausmeister, er flüstert, so als müsste er diese Nachricht sorgfältig verstecken: »Kommen Sie, ich weiß jemanden, der Sie interessieren könnte.« Und er führt mich um ein paar Ecken vor eine Hofmauer mit schiefem Tor. »Gehen Sie hinein«, sagt er hastig, »ich habe mit Monsieur Haïdara bereits gesprochen, er weiß Bescheid.« Der Alte verschwindet, lässt keine Zeit für weitere Fragen.

Die Tür geht auf, und ein junger Mensch öffnet, vielleicht fünfunddreißig, mit schwarzen, intensiven Augen. »Ismaïl Diadie Haïdara«, stellt er sich vor. Er scheint so froh zu sein, mich zu sehen. Wir gehen ins Haus und beginnen in seinem Arbeitszimmer – zwischen Matratze und winzigem Schreibtisch, zwischen Büchern und Fliegen – zu reden. Ohne Mühsal, ohne Einleitung. Ein halbes Jahr lebt Haïdara hier bei seinem gelähmten Vater, die andere Hälfte gibt er Gastvorlesungen an Universitäten in Spanien und Marokko. Ismaïl ist gelernter Historiker, ein Dichter, ein Schriftsteller, ein polyglotter Ketzer, ein Geschenk des Himmels, der einsamste Mensch von Timbuktu.

Er erzählt von einem anderen Geist in dieser Stadt. Hunderte Jahre her. Auch da galt sie als Zentrum des Islam, aber weit und offen. Eine jüdische Gemeinde gab es, und Christen, Poeten und Architekten, die dichteten und berühmte Moscheen entwarfen. Erstaunlich, kein einziger Jude lebt heute mehr in der Stadt. Und Pastor Nouh, der in seinem Kirchlein mit Blechdach eine Gemeinde von nicht fünzig Mutigen versammelt, klärte mich vor einigen Tagen auf: über die Mühsal, als Ungläubiger nicht zur Mehrheit zu gehören.

Ismaïl bleibt am Leben mit Hilfe seiner Arbeit. Ich höre ihn reden und ein überwältigendes Gefühl der Liebe für Sprache und Worte überkommt mich. Weil ich spüre, wie Ismaïls eigene Liebe ihn heilt. Wie die arabischen, die französischen, die spanischen Wörter ihn nähren. Wie fremde Ideen sein Herz antreiben, seine Lebenslust organisieren. Einfach phänomenal, als er in das Klappern des Ventilators den Namen von Konstantin Kavavis spricht, von Octavio Paz und Albert Camus. Und von seiner Freude, ja Freude, beim Lesen von Hölderlin-Gedichten berichtet. Glattes Wunder: der klar und deutlich ausgesprochene Name »Friedrich Hölderlin«, mitten in Timbuktu. Wie da Einsamkeit vergeht, wie da alles wieder möglich scheint.

Nach vier Stunden muss ich hinaus. Mit dem irritierenden Wissen, dass wieder eine Andropov auf mich wartet. Aber auch mit der nicht zu widerrufenden Überzeugung, dass Timbuktu ein sagenhafter Ort ist. Voller Sagen, voller Geheimnisse, den bösen und den begehrenswerten. Und dass ein achtsamer Hausmeister hier lebt, dem ich Ismaïl Diadie Haïdara verdanke. ■

UNTERWEGS IN ÄGYPTEN

Seit 1983 war ich viele Male in Ägypten, und das Land am Nil beeindruckte mich immer wieder neu. Die Menschen erschienen mir sehr gelassen – als ob ihnen die lange Geschichte ihres Landes stets bewusst wäre. Ich verbrachte Stunden und Tage in den Cafés von Kairo, auf wackeligen Feluken, in koptischen Klöstern oder überfüllten Zügen und hatte immer das Gefühl, als Gast willkommen zu sein. Als Anfang der 90er-Jahre die Attentate auf Touristen begannen und ausländische Besucher schlagartig ausblieben, war der Schock im ganzen Land zu spüren. Viele Ägypter waren vom Tourismus wirtschaftlich abhängig und standen nun vor dem Ruin. Trotzdem blie-

ben sie mir gegenüber immer freundlich, wenn ich als scheinbar einziger ausländischer Besucher unterwegs war. Arbeitslose Tempelwärter führten mich durch menschenleere Tempel, die Pyramiden von Giseh hatte ich ganz für mich allein, Kreuzfahrtschiffe lagen seit Jahren vertäut am Ufer des Nils.

Das geografische und wirtschaftliche Rückgrat Ägyptens ist der Nil, der aus dem Zusammenfluss des Blauen und Weißen Nils bei Khartum entsteht, wobei der im Hochland Äthiopiens entspringende Blaue Nil den Großteil des Nilwassers heranführt. Die Wasser des Weißen Nils, der in Uganda aus dem Victoriasee fließt, gehen auf dem langen Weg durch den Sudan in dem Umfang verloren, dass er nur zu einem Fünftel zum Nilwasser beiträgt. Der Nil ergoss sich bis Mitte des letzten Jahrhunderts in der sommerlichen Nilflut über die Felder Ägyptens. Heute wird das Nilwasser vom Assuan-Staudamm gebremst und auf das ganze Jahr verteilt den Fluss hinuntergeschickt. Die Grenze zwischen den bewässerten Flächen und der benachbarten Wüste verläuft messerscharf. Neunzig Prozent der 70 Millionen Ägypter leben im Niltal oder im Nildelta. Ohne den Nil wäre das moderne Ägypten nicht vorstellbar. Der Fluss war sicher auch Voraussetzung für das Entstehen der pharaonischen Hochkultur.

■ Die Säulenhalle des Amuntempels in Karnak, eines der herausragendsten Bauwerke des Alten Ägypten, steht auf dem Besuchsprogramm fast aller Ägypten-Reisenden. Die Terroranschläge ägyptischer Islamisten ließen den Touristenstrom in den 1990er-Jahren zeitweise gänzlich versiegen. So bin ich an diesem klaren Wintermorgen mit den Wärtern allein im Tempel und kann das Lichtspiel zwischen den 134 Säulen in Ruhe genießen.

■ Wir hatten Assuan über die dem Nil folgende Straße in der heißen Mittagszeit erreicht. Die oberägyptische Stadt wirkte wie ausgestorben, obwohl der Fastenmonat Ramadan eben zu Ende gegangen war. Die heißen Nachmittagsstunden verbringen wir auf der schattigen Terrasse des Old Cataract Hotels

hoch über dem Nil. Hier schrieb einst Agatha Christie ihren Kriminalroman »Tod auf dem Nil«. Von dem weltberühmten Hotel ist es nicht weit zum Souk von Assuan, einem der schönster Märkte Ägyptens. Intensives Abendlicht fällt in die Gassen und lässt die Felafel- und Gemüsestände aufleuchten.

■ Bei Bildern wie diesem führt oftmals der Zufall Regie. Im oberägyptischen Edfu fotografiere ich gerade den Sohn eines Metzgers, als im Hintergrund eine Frau auftaucht, die mich offensichtlich nicht bemerkt hat.

■ Dort, wo die Fähre aus Luxor am Westufer des Nils festmacht, liegt dieses Café ganz aus Pappe. Ein Mann liest Zeitung, ein anderer zieht an seiner Wasserpfeife, manche verfolgen auf dem Bildschirm schemenhafte Szenen. Das Tag fließt so ruhig dahin wie der Nil.

■ Mehrmals hatte ich es schon bereut, ausgerechnet Ende Juni nach Ägypten gereist zu sein. Die Temperaturen waren unerträglich hoch, und die Sonne stand mittags senkrecht über dem Niltal. Aber genau das war Voraussetzung für dieses Bild: Zwei Sonnenstrahlen fallen senkrecht von oben durch zwei Öffnungen im Tempel. Sie streifen sowohl den Tempelwärter wie auch ein pharaonisches Wandrelief.

KAIRO

DURCH EINE MASSLOSE STADT

Ach, Kairo. Wer die Passkontrolle hinter sich hat, betritt eine Arena. Ich habe sie dreieinhalb Sekunden hinter mir, und Mohamed und Mohamed – viele Mohameds kennt die Stadt – umringen mich. Wir erreichen die Ausgangstür und haben uns inzwischen verdoppelt. Sechs der sechzigtausend Taxifahrer Kairos auf der Jagd nach Beute. Mohamed II. sagt einen vernünftigen Preis, zielsicher ziehen wir über den Parkplatz Richtung rostigen Fiat.

Zu meinem Hotel ist es noch weit. Wir sitzen bereits, da springt Mohamed wild entschlossen vom Sitz und rennt auf einen Mann zu, der sich ebenfalls wild entschlossen uns nähert. Und Tonnen von heißen Worten schütten sie aufeinander, schreien, deuten schreiend auf mich. Wahrscheinlich hat der falsche Mann die Beute abgeschleppt. Augenblicklich sind wir in Arabien, und die heißen Worte werden für längere Zeit nicht versiegen. So lade ich den Rucksack auf und schleiche davon. Bis mir auf halbem Weg Allah einen dritten Mohamed schenkt. Zu zweit huschen wir zu seinem Wagen und preschen los. Dieser rabiate, zehrende Kampf der Kairoer um ein paar Pfund, wie er Respekt einflößt. Und von Kairo erzählt. Das die Nerven schindet und keines seiner Geheimnisse herausrückt, ohne dafür einen Preis zu fordern. Wie Chuzpe, zum Beispiel, wie Neugier.

Hilfreich wäre noch zu wissen, dass der Name Kairo von Al Qahira kommt, die Siegreiche. Und Al Qahira von Al Qahir: Planet Mars, Planet Kriegsgott. Um heil davonzukommen, will ich List und Charme einsetzen. Mich schon morgen auf die Suche nach Ecken und Winkeln machen, die mit all dem versorgen, was der Fremde in dieser Stadt sucht: wunderliche Männer und Frauen, Morgenland, sanftes Glück. Intelligent wäre noch, wenn ich rasch den Gang des Anfängers verlöre und mich bewegte wie einer, der sich auskennt. Das imponiert, das verscheucht die Anmacher. Eben daherkommen wie einer mit dem leichten Lächeln und dem leichten Gang. Bis es so weit ist, sind ein paar Umwege fällig. Ankunft im Hotel.

Dass die Hauptstadt der abgründigen Zahl von fünfzehn Millionen Einwohnern entgegenwankt, glaubt man sofort, als sich das Gitter unseres Aufzugs schließt. Stürzen wir jetzt vom siebten Stock zurück in den Keller – unser Modell stammt aus britischen Kolonialtagen – so wären wir ein volles Dutzend, das unten liegen bliebe. Doppelt so viele als zugelassen.

Wir ziehen zu fünft in mein Zimmer. Der eine öffnet die Lifttür, der andere schließt sie, der dritte trägt meine Tasche, der vierte den Zimmerschlüssel. In den nächsten Tagen werde ich erfahren, dass meine Trinkgelder den vier Männern und ihren siebenundvierzig Familienangehörigen zugute kommen. Einem Sack Schuldgefühle, auch dem entkommt vor Ort kein Reisender.

Um fünf Uhr morgens werde ich zu Allah gerufen, der Lautsprecher des Muezzins bohrt sich in meinen Schlaf. Wie neunundneunzig Prozent der anderen Schläfer in dieser Stadt bin ich um diese Zeit nicht fähig, um die Vergebung meiner Sünden zu bitten. So werde ich von den Hunden bestraft, die nun heiser bellend dem Muezzin antworten.

Als ich den Frühstückraum betrete, weiß ich wieder, dass den Kairoern gleichzeitig mit der Erfindung verschiedenster Beschallungsgeräte ein »Ohrlid« wuchs. Musik für einen Kriegsfilm rauscht durch den Saal, und nicht einer fasst sich schmerzwimmernd an den Kopf.

Hinaus auf die Straße. Der leichte Gang scheint noch fern. Ich bin noch nicht auf der anderen Seite, und zwei junge Kerle fragen gleichzeitig, einer links, einer rechts: »Do you remember me?« Der Satz soll Vertraulichkeit herstellen. Um mich anschließend vertraulich in den nächsten Papyrus-Laden abzuschleppen. Beruf: Fänger. Am nächsten Eck fängt mich der dritte ab: »Welcome to Cairo!« Und zeigt auf das Schild über der Tür: Gold & Silver. Seine Botschaft, wie übersichtlich: Kauf einen Sack Geschmeide und du bist willkommen. Der vierte hat Witz, mit freudig-verblüfftem Gesicht läuft er neben mir her und ruft bravourös geheuchelt: »You look like an American actor.« Denn für einen amerikanischen Schauspieler hätte er ein paar feine Adressen, hinter denen »best looking« Damen auf mich – mich allein – warteten. Mir fällt ein wirklicher Amerikaner ein, Mark Twain, der ebenfalls in Kairo unter die Räder der Fänger und Backschisch-Hungrigen kam und abends erschöpft notierte: »Wir litten Qualen, die keine Feder beschreiben kann.« Glücklicher Twain, wäre er heute am Platz Midan Ataba vorbeigekommen, es hätte ihn weggefegt. Denn vor

136 Jahren – da traute er sich in die Stadt – waren menschliche Gehörknöchelchen noch nicht widerstandsfähig genug, um ein solches Monster von Kreuzung ohne zwei oder drei Ohnmachtsanfälle zu überstehen.

Wer vom modernen ins alte Kairo will, muss über diese Schnittstelle. Ich muss. Und so hört sie sich an, so sieht sie aus: die Flüche der Taxifahrer über die Fußgänger. Die Flüche der Fußgänger über die Taxifahrer. Die Schreie der Polizei über ambulante Händler. Deren Schreie. Die Schreie der Zutreiber, die Kunden in die Busse treiben. Die Sirenen der Feuerwehren, die Sirenen der Krankenwagen. Die Presslufthämmer der pyramidalen Baustelle mittendrin. Die orgelnden Stereoanlagen über den Lenkern der Motorroller-Fahrer. Die frenetischen Musiklawinen, die aus jedem Geschäft fauchen und wie Flammenwerfer den vorbeieilenden Passanten heimsuchen. Die Hupkonzerte der Hochzeiter und die Hupkonzerte all jener, die den schönstenTag im Leben schon hinter sich haben. Das Krächzen eines Taubstummen. Die Gasmänner, die auf ihre Gasflaschen trommeln. Der Schrotthändler, der »bekia«, Schrott, brüllt. Über dreißig Ausdrücke, heißt es, haben die Eskimos, um die Farbe des Schnees zu beschreiben. Wie viele Worte für Lärm wissen sie in Kairo, die alles beschreiben? Vom sachten Stupser auf die Hupe bis zum Trompeten-von-Jericho-Massaker eines Omnibusfahrers?

Ich habe Glück, ich darf ins alte, mittelalterliche Kairo flüchten. Zum Entschleunigen, zum Schauen. Ins Viertel mit den tausend Gassen und Gässchen, den nonchalant streunenden Hunden und Ziegen, den zischelnden Radfahrern mit den hundert Brotfladen auf dem Kopf. Hier exerzieren sie die sonderbarsten Berufe. Sarif zieht mit einem Kübel Öl und einem Zyklopenpinsel durch die Straßen. Die meisten Geschäfte und Werkstätten haben weder Tür noch Fenster, dafür Rollladen. So wurde Sarif ein Rollladenscharnier-Einöler. Müllabfuhrgebühren-Kassierer Mohamed ist mit Tajir, einem ihm hauptamtlich beigestellten Geldträger, unterwegs, um fällige Beiträge einzutreiben. Sie kommen immer dann vorbei, wenn die Dreckhaufen von der Straße in die Wohnung der Anlieger zu fluten drohen.

»Dann«, erzählt Mohamed kichernd, »zahlen sie schneller.« Zentani trägt ein aufgerolltes Eisenkabel von Überschwemmung zu Überschwemmung. Um ein Loch in die verstopften Gullys zu bohren. Damit eines fernen Tages, vielleicht, die schon sechs oder acht oder zwölf Wochen lang stinkende Kanalbrühe wieder verschwindet. Wie überraschend die Entdeckung eines Buchhändlers, der nie ein Buch an einen Leser verkauft. Weil Hassan die Schwarten kiloweise abstößt. An nie lesende Fleischer und Gemüsehändler, die damit ihre Hammelkeulen und Salatköpfe einpacken. Wie erholsam der Blick auf Amir, den Weißwäschebügler, diesen Gralshüter von Sauberkeit, der mittels wasservollem Mund und drei Zahnlücken die Hemden seiner (ahnungslosen) Kundschaft einsprüht.

Ach, was wiegen sie alle gegen Hosni, den »Catcher«, und seinen Herrn Abdul, den »Doctor«. Die beiden kennen lernen, heißt eine Zeitmaschine besteigen und in einem dunkleren Jahrhundert wieder ankommen: Hosni sitzt vor dem Cleaning Palace. Der Palast ist ein winziges Wärterhäuschen, obendrauf zwei schmale Türme. Der Catcher wartet auf Kunden. Das sind Mütter mit ihren blutjungen Söhnen. Irgendwann sind alle einverstanden, und ich darf mitgehen.

Hosni geht voraus, dreihundert Meter weiter begrüßt uns Doctor Abdul E. in seinem »Cabinet«. Ahnte man nicht die Fürchterlichkeiten, die in Bälde stattfinden werden, man möchte veitstanzen vor Vergnügen. Hauptmobiliar in diesem feuchten Gruselkabinett ist ein Stuhl, auf dem der fünfjährige Ehab nun Platz nimmt. Tag der Beschneidung, Hose runter. Während Hosni den Penis des Kleinen desinfiziert (immerhin), berichtet der joviale Doktor, wie schon sein Vater dem König Faruk die überflüssige Haut wegschnitt.

Nach dieser himmelblauen Märchenstunde beginnt übergangslos eine höllenschwarze Wirklichkeit. Catcher Hosni drückt die Knie des Jungen auseinander, Doctor Abdul zieht die Vorhaut nach vorne und legt die große Schere an, ein Schnitt, hundert Schreie, der Knirps ist jetzt ein »Mann«. Ich suche ein Hammam, ein »Türkenbad«. Um die Kinderschreie zu vergessen.

Die viereckige Badewanne ist dreimal älter als die vier Greise, mit denen ich sie teile. Aber das Wasser ist heiß und weich, und wir alle reden kein Wort. Nur unser langsamer Atem ist zu hören. Friedlichstes Morgenland. Das verfallene Gemäuer ist wüstenstill und so hinterhofdunkel beleuchtet, dass nichts anderes bleibt, als zu träumen und zu dösen. Bisweilen das sanfte Geräusch von einem, der das Bassin verlässt, um lang gestreckt auf dem Steinboden weiterzuschlummern. Nichts ist ferner als die zehn Meter entfernte Straße, nichts näher als der unmittelbare Zustand dämmriger Zufriedenheit.

Befindet sich der Kunde in einem Zustand euphorischer Trance, kommt Sahel, der Masseur. Der wunderbar Wort hält und nicht mit Catchergriff die vier Gliedmaßen melkt, sondern behutsam den Leib weich klopft, zuletzt in dicke Handtücher wickelt und den dampfenden Tee bringt. Und mich nach einer Stunde aufwecken

muss, daran erinnert, dass alles Schöne ein Ende hat.

Vor hundertsiebzig Jahren hielt sich der englische Politiker Benjamin Disraeli in Kairo auf. Später beschrieb er eine Szene, in der Eunuchen tief verschleierte Frauen begleiten. Von einem öffentlichen Bad zurück zum Arbeitsplatz der Damen, dem Harem. Mir ist dieser hübsche Auftritt entgangen. Dafür begegne ich nach der gliederstärkenden Wasserkur zwölf Männern, die geordnet und paarweise hintereinander gehen. Das Rätsel löst sich, als ich die sechs Handschellen sehe. Der dreizehnte Mann ist kein Eunuch, sondern ein Polizist. Eine wüste Schlägerei mit Messer und Knüppel, höre ich, ist der Grund des Aufmarsches. Manchen kleben noch die Blutspuren an Kinn und Schläfe. Inzwischen scheint alles Adrenalin verspritzt, denn die Rowdys unterhalten sich angeregt, flachsen mit dem Beamten. Der flachst zurück. Einen der Schläger begleiten Ehefrau und Tochter.

Am Ende des langen Fußmarsches geschieht ein Mysterium. Jetzt öffnen sich die Pforten des Orients. Wir erreichen die Ahmad-Maher-Straße. Rechts liegt das Polizeipräsidium, links ein Kaffeehaus. Und alle gehen ins Kaffeehaus. Paarweise, mit Handschellen. Bald blubbern die Wasserpfeifen, Getränke kommen, jedermann bestellt ein Sandwich. Raufen macht hungrig. Hinterher einen Minztee bestellen, dann Siesta. Bald surren die ersten Schnarchtöne durch den Raum. Auch den Polizisten erwischt es, selig rutscht er mit dem Kopf nach hinten, atmet gleichmäßig durch den müden, offenen Mund.

Das alles macht (orientalischen) Sinn, wenn man erfährt, dass das Polizeipräsidium augenblicklich mit der Registrierung anderer Missetäter vollauf beschäftigt ist, somit das verbeulte Dutzend hier zwischengelagert wird, um später – noch früh und lang genug – in den weniger gemütlichen Aufenthaltsräumen ägyptischer Zuchthäuser zu landen.

Eines Morgens treffe ich Selim, genauer, er trifft mich. Ein witziger Kerl, als »Conversateur«, stellt er sich vor, als einer, der gern konversiert, gern redet. Als er zum ersten Mal kurz innehält, frage ich ihn, ob er glücklich sei. Der Französischstudent sagt weise: »Ich bin frei.« Wir schlendern ins windschiefe Café El Hakim, benannt nach dem wahnsinnigen Kalifen, der sogar die Herstellung von Damenschuhen verbot. Um ganz sicher zu sein, dass sich keine Frau auf die Straße traute. Jetzt kommen jene Augenblicke, die allein einen Fußmarsch nach Kairo rechtfertigen: Ein Schaf schmust mit einer Katze, Wasser plätschert irgendwo, eine zweite Katze überquert die Steinfliesen, die Morgensonne wirft einen Kreis Licht auf den Boden, der stille Tariq bringt die Wasserpfeifen, und Selim erzählt die Geschichte von seiner Freudin Aisha, die er heimlich besucht. Und die ihn heimlich empfängt. Denn noch immer schmusen in dieser Stadt nur die Tiere in aller Öffentlichkeit. Mit einem seligen Dusel im Kopf – beschwingt von einer Liebesgeschichte und dem Tabak – mache ich mich auf den Weg zum Kräuterhändler Lofti. Selim hat ihn empfohlen und genau den Weg beschrieben. Trotzdem verirre ich mich. Wie erfreulich, Umwege erweitern die Ortskenntnis.

So stehe ich plötzlich vor drei Kindern, Höchstalter dreizehn. Das Trio arbeitet als Akrobaten, zieht durch die Gassen, springt durch drei mit brennenden Lappen umwickelte Felgen, fliegt durchs Feuer und vorbei an spitz nach innen montierten Messern. Rami, der vierte und einzige Dreizehnjährige, feuert sie an, wirbelt auf der Trommel. Wobei sie vorher – das entbehrt nicht einer gewissen Ironie – mit einer Blechdose herumgehen und ein paar Piaster einfordern.

An der siebten Ecke sitzt ein Mann vor einem Berg Büstenhalter und drückt vor interessierten Kundinnen zart die Körbchen. Als unwiderlegbarer Beweis, dass seine Büstenhalter halten.

Hinter der vierzehnten Ecke steht Loftis Kräuterladen. Der Mensch soll mich heilen. Seit Tagen schmerzt das Kreuz. Und wahrhaftig, Lofti wird mich erlösen. Nicht seine Essenzen und Extrakte, die er mit gehörigem Hokuspokus mischt, werden die Pein lindern. Er und seine Worte werden das erledigen. Denn der begnadete Einluller bittet mich auf sein Sofa und lässt tausend mal tausend Worte los, die alles verkünden und alles versprechen: einen strahlenden Rücken, einen für immer biegsamen Leib, einen noch Ewigkeiten dankbaren Kunden. Aus dem Hintergrund dringt romantische Musik, »Radio d'Illusion« sendet. So heißt der Sender tatsächlich. Wundersamer Orient.

Für Kairo braucht man Nerven mit Muskeln. Offene Stadt, bloßgelegt, zugänglich. Gleichzeitig gemein, zurückweisend, verschlossen. Wie jene elftausend Zabbalin, jene Müllmänner, von deren Existenz niemand wissen soll: Weil sie dreckig sind wie ihre Schweine. Weil die Schweine und die Schweinebesitzer auf sechs verschiedenen Plätzen Kairos vegetieren – verstunken, verseucht, vergessen. Weil sie die Kairoer an die pyramidale Korruption in dieser Stadt erinnern, die so vieles verhindert. Auch eine intelligente, menschenwürdige Abfallbeseitigung. Ihre trostlose Geschichte ist schnell erzählt: Die Zabbalin – meist Kopten – kamen vor zwei Generationen aus dem Süden, stießen bei der Suche nach Arbeit auf die

gerissenen »Wahis«, die ihnen die Rechte zur Müllbeseitigung schamlos teuer verkauften. Ihr dreckiger Gewinn hat heute einen blitzsauberen Namen: Recycling. Die Tonnen Abfall, die sie jeden Tag in ihre Elendsviertel karren, werden sortiert und an Wiederverwerter verkauft: Plastik, Glas, Leder, Papier, Stoffe. Alles Fressbare fressen die Schweine im Hinterhof. Dass sie Christen sind und die offiziell verachteten Tiere züchten und essen, macht ihr Leben in einem islamischen Land nicht leichter. Dass sie, wie so oft zu lesen, heimlich reich und glücklich sind, ist ein schwachsinniges Märchen. Dass ihr schmutziger Beruf zum Schutz der Umwelt beiträgt, klingt noch absurder. Denn alles Unverwertbare verfeuern sie. Jedes ihrer Dörfer sieht aus wie von Krieg und Bomben überfallen. Rot und schwarz lodert es in den Himmel.

Am Ende aller Legenden soll der einfache Satz stehen, dass ihr Leben eine Schweinerei ist. Fünf Tage lang teile ich sie mit ihnen. Täglich um 3.15 Uhr früh klettern wir auf die Ladefläche eines ramponierten Mitsubishi. Mit den leeren Säcken schützen wir uns gegen den schneidenden Fahrtwind. Dreißig Minuten später erreichen wir Zamalek, eine Nobel-Insel mitten im Nil. Hier haben Gamil (neun Kinder) und seine drei Brüder (neunzehn Kinder) das Recht, den Mist reicher Leute einzusammeln. Der Stadtteil stinkt vor Langeweile. Bemerkenswert vielleicht der Hinweis, dass der Preis einer Mitgliedschaft beim hiesigen Sporting Club in etwa Gamils 20-Jahreseinkommen entspricht.

Vier Stunden lang rennen die vier Zabbalin durch die Straßen, stochern nach nützlichem Schrott, rennen die Hochhäuser hinauf, packen den vor der Wohnungstür liegenden Abfall in ihre Bastkörbe, rennen hinunter, stopfen alles in fast mannshohe Säcke, laden, überladen den ächzenden Wagen. Dann zurück nach Ezbeth el Nakhl, ihrem Standort, einem ihrer sechs Gulags: Blechhütten und die Scheiße der Welt, verwesende Eselsbäuche, totgefahrene Schweinsköpfe, verendende Hunde, nackte Katzen, die Fliegenseuche, der beißende Smog, ein Gestank aus dem Fegefeuer.

Alles, was ich sehe, haben Gamil und seine Brüder vor langer Zeit beschlossen, nicht mehr zu sehen. Sie rauchen und albern, Isaak, der Fahrer, nimmt das abgegriffene Marienbild vom Tachometer, küsst es. Als wir den Verschlag der Familie erreichen, heißt es abladen, Tee trinken und – keine halbe Stunde nach unserer Ankunft – Platz nehmen im Dreck. Auch die Frauen.

Hinsetzen zum Wühlen, stundenlang, täglich, lebenslänglich. Sie scheinen über Kräfte zu verfügen, die ich nicht fasse. Keiner fasst sie, der nicht

Zabbalin ist. So sollen die Geschichten dieser Stadt nicht enden. Das wäre nicht fair, nicht Kairo, nicht seinen Bewohnern gegenüber. Weil es eben beides besitzt: Die Schrecken, natürlich – und Ahmed, den Heiler. Er ist ein Geschenk des Himmels, das irgendwann zur Hölle fahren wird. Ich fand ihn mitten auf der Straße, und er bereicherte seitdem wie keiner. Ein Vernebler, ein Entflammer, einer, der einen Kilometer Worte pro Minute schafft.

Lichterloh ergriffen lausche ich immer aufs Neue seinen Verheißungen auf Laila, eine mokkafarbene Sünderin, die ebenfalls darauf brennt, mit mir zu sündigen. Ahmed schwört alles, Frauen, Drogen, Boys. Sogar ein Abendessen mit Nagib Mahfuz, dem wunderbaren Schriftsteller, hat er bereits für mich arrangiert. Schwadroniert er. Auf den Burschen ist Verlass. Er spricht nie die Wahrheit. Natürlich lügt er nicht. Was für ein falsches, europäisches Wort. Ahmed ist nur ewig besoffen von seinen Halluzinationen. Damit sie ihn entführen aus einer knallharten Wirklichkeit.

Hier ein letztes Beispiel. Ich habe kein intensiveres, um den Zauber und die dunkle Rückseite Kairos zu bezeugen. Nachts ist Ahmed, der ehemalige Kaffeehauskellner, als »business man«, sprich Hausierer, unterwegs. Manchmal helfe ich aus. An diesen Abend gilt es, zwei neunzig mal hundertdreißig Zentimeter große Gemälde und fünf Blumenvasen auf dem Khan-el-Khalili-Bazar abzuschlagen. Billigster Speicherplunder. Doch Ahmed weiht mich ein. Bei den Ölschinken – Schafsherde im Frühnebel und Jesus mit Magdalena – »handelt es sich«, Ahmed wispernd, »um Originalstücke aus dem späten 17. Jahrhundert, lange verschollen.« Dass die blaugelben Vasen vor zweihundert Jahren in Paris – »Empire!« – hergestellt wurden, ich hätte es wissen müssen.

Wir verlassen die Wohnung. Unten, vor seiner Haustür, beginnt das tatsächliche Leben, der Verkehr steht still, die schmale Straße scheint ausweglos verstopft. Esel, Taxis, die radelnden Brotlieferanten, ein radelnder Milchmann, ein Schubkarrenschieber, ein Pferdefuhrwerk mit schmiedeeisernem Ehebett, die Autoschlange. Keiner bewegt sich, nur einer zwängt sich durch, Schafsherde im Frühnebel und Jesus mit Magdalena nach oben streckend. Das ist mein bestes Bild aus dieser Stadt. Das ist Kairo, der Fluch. Und das ist Ahmed, der fantastische Allesversprecher mit den dunklen Ringen unter den Augen und der Bronchitis in der Brust. ■

UNTERWEGS IN ÄTHIOPIEN

»Can you give me a lift?«, fragte der Straßenjunge in einem gepflegten Englisch, das so gar nicht zu seinem Äußeren passte.»Where are you heading to?«, fragte ich ihn verwundert zurück. »It doesn't matter«, antwortete er mit einem Schulterzucken und saß schon im Beiwagen meines Motorrads. Wir verließen die nordäthiopische Stadt Adigrat und fuhren die Piste in Richtung Axum. In den Fahrpausen erzählte mir Moses, dass er allein sei. Der Vater war im Krieg gegen Mengistus Armee gefallen, die Mutter drei Jahre zuvor gestorben. Seither schlug er sich als Straßenjunge durch. Die einzigen Dinge, die ihm von seinem früheren Leben blieben, waren sein gutes Englisch und der viel zu lange, violette Nylonmantel seiner Mutter, der

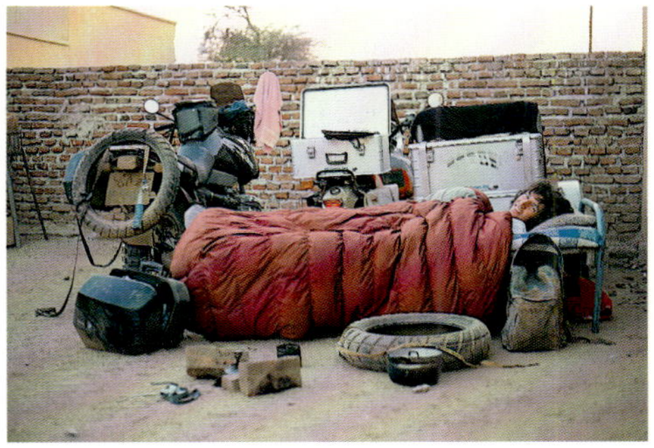

ihm beschmutzt und zerfetzt von seinem schmalen Körper hing. Ich engagiere ihn für die nächsten Tage als Dolmetscher und Helfer. Mit unglaublichem Geschick gelingt es ihm, dass ich von nun an Zugang zu den Klöstern erhalte. Er verhandelt mit korrupten Straßenkontrolleuren und besorgt Nachtquartiere in abgelegenen Dörfern. Als wir schließlich nach einer Woche Axum erreichen, steht sein Plan fest: Mit dem verdienten Geld wird er eine Fahrradwerkstatt eröffnen. Überlebensstrategie eines Zwölfjährigen.

Moses Lebensmut gilt für das ganze Land. Kaum ein Staat Afrikas wurde so schlimm von Feudalherrschaft, Diktatur, Kriegen und Hungersnöten geschüttelt wie Äthiopien. Und dennoch bewahrten sich die Äthiopier einen wahren Schatz: Würde, Selbstbewusstsein und den Stolz darauf,dass sie bis auf eine kurze Periode von vier Jahren nie kolonialisiert worden waren. In den 1990er-Jahren schien Äthiopien auf einem hoffnungsvollen Weg zu sein. Die Tigre Liberation Front besiegte 1991 den marxistischen Gewaltherrscher Mengistu und machte den Weg für die Unabhängigkeit Eritreas frei. Die neue Regierung konzentrierte sich auf die Entwicklung lange vernachlässigter Provinzen wie Tigre. 1998 brach zwischen Äthiopien und Eritrea überraschend ein Krieg um wertlose Grenzgebiete aus, der Zehntausende von Menschen das Leben kostete und beide Länder in ihrer gerade begonnenen Entwicklung weit zurückwarf.

■ Dreißig Meter ragt die Felswand über uns auf. Vier Novizen blicken über einen Felsvorsprung zu uns nach unten und rufen uns zu, dass wir zu ihnen hochklettern sollen. Über den Fels baumelt ein mehrfach geflicktes, ausgefranstes Seil, an dem Gäste des Klosters hochgezogen werden. Ein älterer Mönch lässt sich am Seil herab und bindet es mir, ohne weiter zu fragen, um die Brust. Als er mich segnet, spannt sich das Seil, und die Novizen ziehen mich nach oben. Dort liegt auf einem Felsplateau das Kloster Debre Damo, das älteste Kloster Äthiopiens. Das Kloster besitzt eigene Wasserspeicher, die vor Jahrhunderten tief in den Fels gehauen wurden und die Mönche das ganze Jahr über mit Wasser versorgen.

■ Kinderarbeit ist Alltag in Afrika. Viele Familien können die Kosten für Schule und Schuluniform nicht aufbringen und sind auf das Einkommen der Kinder angewiesen. Die Kinder sind als Kleinhändler auf den Straßen unterwegs oder verrichten oftmals schwere Feldarbeit.

■ Auf der Klosterinsel Dega Estephanos mitten im Tanasee stehen wir vor der achteckigen Kirche. Die schwere Holztür knarzt, als der alte Mönch sie öffnet. Lange brauchen unsere Augen, um sich an die Dunkelheit in der Kirche zu gewöhnen. Auf einem schlichten Altar liegen Bibeln aus dem 12. Jahrhundert, handgeschrieben in der altäthiopischen Schrift Ge'ez. Die Bibeln und der Schmuck der hier bestatteten Könige werden von Mönchen und Novizen seit Jahrhunderten gewissenhaft gehütet.

ÄTHIOPIEN

AUF DER SUCHE NACH EINEM GENIALEN DICHTER

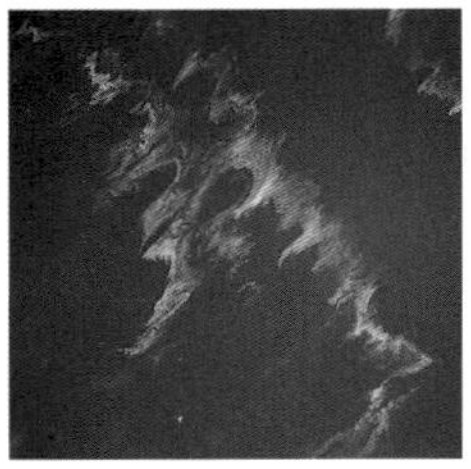

Immer will ich schreiben gegen die Schwerkraft des Herzens. Will nachweisen, dass die Welt einen Sinn hat und das Menschenleben irgendwo ein Ziel. Will zeigen, dass irgendwann alles gut ausgeht und jeder so lebt, wie er sich das einmal vorgestellt hat. Aber ich bauchlande, stündlich. Mein Plädoyer klingt matt. Statt souveräner Rede stottere ich.

Jeder Leimsieder weiß es besser, redet eleganter vom Unglück und der Ausweglosigkeit unseres Daseins. Wie ich dann schrumpfe. Wie Recht er hat. Jeder Blick auf die kaputte Erde beflügelt ihn, jede Nahaufnahme beschädigten Lebens gibt ihm tausend Mal Recht. Der portugiesische Dichter Fernando Pessoa spricht davon, dass wir zwei Leben haben: »Eines, das wir träumen. Und ein anderes, das uns ins Grab bringt.« Der Leimsieder erzählt immer die Geschichten, die uns totmachen. Wäre er in Äthiopien gewesen, düster-triumphierend würde er berichten vom Ende der Welt. Wenn er auch ein paar Dinge übersehen hat. Dinge, die hartnäckig in Widersprüche verwickeln. Weil Landschaften und Männer und Frauen vorkommen, die mitreißen und verführen. Eben wieder zum Träumen und der – kurzfristig – unwiderruflichen Gewissheit, dass das Leben schön ist und ein endgültiges Urteil noch aussteht.

Kurz vor dem Anflug auf die Hauptstadt reicht mir die Stewardess ein loses Blatt. Information für die Crew über den jeweiligen Bestimmungsort. Ich lese und lache, da steht: »Addis Abeba ist kein Einkaufsparadies.« Der absurde Satz liest sich wie eine Warnung. Wie auch der folgende Hinweis, dass die Benutzung der Taxis nicht zu empfehlen sei, »da keine Insassenversicherung vorliegt.« Die Sorgen des Weißen Mannes in einem Land, das ums nackte Überleben kämpft. Kein Einkaufsparadies – gibt es ein blöderes Wort? – und keine Insassenversicherung. Kurz zuvor lief im Bordkino »Shopping in London«: Wo feine Stoffe kaufen? Wann rechtzeitig einen Butler ordern? Wie gekonnt eine Havanna schneiden? Man traut sich.

Eine schwierige Reise fängt an. Es gibt kein Benzin. Die Russen liefern nicht mehr, der Staat ist bankrott, der Golfkrieg verschärfte den Mangel. Hundertschaften von Hausfrauen stehen mit Kanistern vor den Tankstellen, Autoschlangen vor den Zapfsäulen. Abends wird es ruhiger, kaum Verkehr. Man hört das Rollen der Reifen, die Fahrer schalten bergab den Motor aus. In den buna bets, den Kaffeehäusern, sitzen die Mädels. Shai, den süßen, duftenden Tee gibt es. Auch Alkohol, manchmal sogar Kaffee. Kneipen mit Ganzkörperanschluss. Während der Kaiserzeit gab es dreitausend dieser Hinterzimmer, die am Eingang mit einem roten Lämpchen lockten. Heute soll es dreißigtausend geben. Ohne Lämpchen, jeder weiß Bescheid. Das Angebot ist knapp und übersichtlich: »short time« oder »long night«.

Warme Atmosphäre, man trinkt und plaudert, keiner drängt, Blick in die schönen Gesichter der Frauen. Einmal finde ich ein Lokal, wo ein Sänger und sein Mann an der Hammondorgel auftreten. Und sie singen ein sudanesisches Liebeslied. Die Geschichte zweier Liebender, die alles überwinden: die Wut des Vaters, der sich einen reichen Schwiegersohn wünscht. Die Flucht durch die Wüste. Die Geburt eines Kindes. Die Jahre des Alltags. Alles wohl Lüge, aber zehn sentimentale Minuten lang alles wahr, alle still und versunken.

Oft muss ich zurücklaufen, es eilt, es gibt keine Taxis mehr, um Mitternacht beginnt die Ausgangssperre. Nur Hunde und Polizisten streunen durch die Straßen. Gleich am ersten Abend traf ich vor dem Hotel drei Knirpse Araya, Tesfaye und Endrias, zerlumpt und gerissen. »You give me, you give Jesus Christ«, jammerten sie, während Araya mit der rechten Hand über mein Gesicht streichelte und mit der linken nach meinem Stift fingerte. Das war das Zeichen für die beiden anderen, in meinen Hosentaschen zu wühlen. Ich erkannte ihr Talent, und wir richteten umgehend ein ordentliches Arbeitsverhältnis ein.

Ich zahle regelmäßig, und sie sind dafür verantwortlich, dass ich unbelästigt das Hotel betreten und verlassen kann. Das funktioniert. Meine siebenjährigen Bodyguards verscheuchen die lauernden Taschendiebe.

Jeder Ausländer braucht für Reisen außerhalb der Stadtgrenzen von Addis Abeba ein travel permit. Und den aberwitzig teuren »Begleitschutz« von NTO, dem staatlichen Reisebüro. Der Norden – Bürgerkrieg mit den Provinzen Eritrea und Tigre – und der Südwesten – Aufstände der Oromo – sind grundsätzlich gesperrt. Mit Führer, Vollpension und Klimaanlage durch Äthiopien? Mir schwin-

delt. Das Land wimmelt von Spitzeln. Erich Honecker, vormals kommunistischer Cheflauscher und Weltmeister im Abhören des eigenen Volkes, hat hier beim sozialistischen Bruder als Oberwanze ausgeholfen. Ich begebe mich zum »Ministry of Security«. Auf Umwegen erhalte ich die Permit. Ohne Begleitschutz. Mitverantwortlich für die Sondergenehmigung ist der französische Dichter Arthur Rimbaud. Der Beamte, mit dem ich verhandle, kennt den Namen und ein paar der Gedichte. Er versteht, warum ich in die Stadt reisen will, in der Rimbaud vor hundertzwanzig Jahren gelebt hat. Ein seltsam verborgenes und widersprüchliches Leben: in Harar, dem lange für Weiße verbotenen Ort. Von den zwei Eisenbahnlinien des Landes ist eine funktionstüchtig. Die andere, im Norden, wurde teilweise demontiert und von der Kriegsindustrie eingeschmolzen. Die brauchbaren achthundert Kilometer führen von der Hauptstadt nach Osten bis an die Küste von Dschibuti. Um vier Uhr nachmittags bin ich am Bahnhof und um 20.11 Uhr setzt sich der Zug ruckartig in Bewegung. Die Toiletten stinken, der Boden ist dreckig, die Waggons überfüllt. Wie unwichtig. Vor einer Stunde war der Himmel noch rotviolett, nun scheint der Vollmond, vor dem offenen Fenster liegt Afrika. Ein sekundenlanges Glück durchströmt mich. Weil nichts fehlt, weil nichts anders sein soll.

Ich treffe Key Bahr, einen der Dienst habenden Wachposten. Er hieße, lächelt er, wie das Rote Meer. Nun, das Rote Meer ist bereits blau, schwankt leicht, führt mich zum Biermann und lädt mich ein. Der siebenfache Vater sagt den schönen Satz: »Wenn du ein Problem hast, gib es mir.« Key Bahr wird mich wie viele andere Äthiopier etwas lehren, was schwer verständlich ist in einem Land, in dem alttestamentarische Krüppelfiguren am Straßenrand lungern und ihre Elendsjeremiade wimmern. Er wird eine Großzügigkeit beweisen, die uns schon lange fehlt.

Später gehen wir auf Patrouille. Ich muss mit. Hält der Zug, rennt Key Bahr ans Ende des letzten Waggons. Dort hängt meist ein Schwarzfahrer. Ein Fußtritt befördert ihn auf die Gleise. Bei Widerstand fuchtelt der Boss eindrucksvoll mit seiner Browning. Einmal treten wir aus, der Zug fährt los, wir rennen nach und springen auf. Aber die Türen öffnen sich nicht, weil dahinter Menschenmassen und Gepäcktonnen liegen. Ein Warnschuss bringt Bewegung in den Haufen. Ein lustiges Bild. Wir klammern uns draußen am fahrenden Zug fest und sehen durchs Fenster, wie drinnen eine hektische Betriebsamkeit ausbricht.

Die Nacht verläuft ruhig. Auf den Bahnsteigen der kleinen Stationen, wo wir kurz halten, schlafen die armen Teufel. Auch Key Bahr liegt jetzt ausgestreckt neben seinem Karabiner, mitten auf dem Gang. Sein Pistolenhalfter schaukelt im Rhythmus des Zuges.

Äthiopien hat einen anderen Kalender und eine andere Uhrzeit. Geht die Sonne auf, ist es ein Uhr. Geht sie unter, ist es ein Uhr abends. Dazwischen liegen die zwölf Stunden des Tages. Als es am nächsten Morgen um ein Uhr hell wird, fahren wir durch ein anderes Jahrhundert. Kamelkarawanen ziehen über das karstige Land. Verschlafene Soldaten kriechen aus ihren Hütten und halten Wache vor Brücken. Kinder treiben Kühe. Esel tragen die letzten Bäume als Brennholz nach Hause. Zwischenstopp in den Dörfern. Ein Mann zeigt mir stolz seine graue Volksarmee-Jacke, noch ein Restposten von Erich H. Leere Limonadenflaschen werden ausgeladen, Frauen verkaufen Orangen und Bananen, ein Verrückter uriniert kichernd und nackt neben der Lokomotive. Nach vierzehn Stunden und 520 Kilometern hält der Zug in Dire Dawa. Ich steige aus. Um die Jahrhundertwende war das Wüstenkaff ein Camp für französische Eisenbahnbauer. Jetzt lebt es vom Schmuggel. Im Dajatu-Viertel liegt der riesige Markt, den sie »Taiwan« nennen. Weil die erste (heimliche) Ware von dieser chinesischen Insel kam. Jetzt liefern auch Japan, Korea, Singapur, China und Thailand. Kein Stück, so versichert mir Sisaye, der vor Ort als Informant für die Polizei arbeitet, komme aus Äthiopien. Nicht, dass irgendjemand hier den Schwarzhandel abschaffen wollte. Am allerwenigsten die Polizei. Sie will nur gut informiert sein. Um ihren Anteil nicht zu versäumen. Angeliefert werden die Radios, Rasierer, Bügeleisen und Kassettenrecorder über das Rote Meer. Die Frachter löschen auf offener See, kleine Boote schaffen die Kisten nachts an die achthundert Kilometer lange Küste. Dort warten die Kamele.

Aufbruch nach Harar. Der Bus fällt aus, kein Benzin. Ich schließe mich einer Karawane an. Es sind Somalis, einer der achtzig Stämme des Landes. Die Treiber tragen ein Bambusrohr und in der linken Hand ihre Teekanne, über deren Schnabel die Tasse hängt. Als wir die Polizeisperre am Rande von Dire Dawa passiert haben, trennen wir uns. Sie ziehen landeinwärts, ich gehe zurück zur Straße. Privatautos gibt es kaum, aber Laster. Ich winke, zehn Minuten später sitze ich im Führerhaus eines Sattelschleppers. Der Fahrer und ich haben nicht einen einzigen Buchstaben gemeinsam, nicht yes, nicht einmal no. Aber Harar und mein fragendes Gesicht versteht er.

Nach den rauen, kahl geholzten Steilhängen wird das Land saftig und fruchtbar. Kaffee wächst. Auch Chat, Grünzeug, das sich die Äthiopier ausdauernd in den Mund stopfen. Wir beide kauen auch. Die Droge macht wach, konzentriert.

Kurz nach Mittag kommen wir an. Negeshi will kein Geld, nur seine Adresse soll ich notieren, damit ich ihm schreibe. Das, übersetzt ein Dritter, würde ihn sehr freuen. Als ich den Vorplatz des kleinen Hotels überquere, registriere ich wieder dieses Glücksgefühl, das ich in Europa nicht kenne. Kein Glück für ein Verdienst, für eine Tugend, nein, nur das augenblickliche Glück. Weil die Lautstärke, weil das Licht, weil die Temperatur der Welt stimmen. Noch im Gehen erinnere ich mich an ein Gedicht von Giuseppe Ungaretti:

Ein jeder steht allein im Herzen der Erde
Getroffen von einem Sonnenstrahl
Und gleich ist es Abend.

Genau das. Als ich die Rezeption erreiche, ist das Glück schon vorbei. Ich muss kämpfen, alle Zimmer sind belegt, der Mensch misstraut meinem Rucksack. Die wuchtigen Mauern von Harar stehen noch immer. Früher war die Stadt ein Schauplatz für die Todfeindschaft zwischen Christen und Moslems. Kein Ungläubiger durfte sie betreten. Als der englische Offizier Richard F. Burton sich 1855 heimlich und verkleidet einschleicht, wird er entdeckt und entgeht nur um Fußbreit dem Tod. Eine Generation später, im Dezember 1880, kommt Arthur Rimbaud nach einem dreiwöchigen Ritt durch die somalische Wüste hier an. Die Ägypter herrschen gerade, die Lage hat sich entspannt. Der Franzose ist jetzt 26 Jahre alt. Als Neunzehnjähriger hörte er auf zu schreiben. Bis heute weiß niemand, warum. Wer seine Gedichte gelesen hat, ahnt, weshalb er als poète maudit, als verfluchter Dichter, in die Literaturgeschichte einging. Der Halbwüchsige schrieb mit dem Presslufthammer. Wie von Sinnen bohrte er nach Visionen, die ihn irgendwann überwältigen. Ein unheilbarer Schreibekel infizierte ihn. Mit knapp zwanzig ist er uralt, leer, verbrannt, wird still wie ein toter Vulkan. Alles, was er hinterher noch aufschreibt, sind wehleidige Briefe an seine Familie und platte Reiseberichte für die französische Société de Géographie. Kein Zauber mehr in seiner Sprache, keine einzige Zeile erinnert mehr an seine überirdische Begabung, Worte nebeneinander zu stellen, die uns etwas von der dunklen Wahrheit des Lebens begreifen lassen.

Als Rimbaud nach Harar zog, um für einen wohlhabenden Geschäftsmann in der Stadt ein Depot für Kaffee, Gummi, Elfenbein und Moschus aufzubauen, lag bereits ein in seiner Intensität und Maßlosigkeit beispielloses Leben hinter ihm. »L'homme aux semelles de vent«, den Mann mit den Windsohlen, nennt ihn sein Freund Paul Verlaine. Er wandert zu Fuß über die Alpen, geht nach Schweden zum Zirkus, arbeitet auf einer Plantage in Alexandria, plündert vor Suez gestrandete Schiffe, verpflichtet sich als Söldner an die holländische Armee, wird Aufseher über einen Steinbruch in Zypern, sucht in den Häfen des Roten Meers nach Arbeit und gelangt zuletzt über Aden nach Harar.

In der katholischen Mission treffe ich Père Emile. Er hat es nicht leicht. Sein Kirchlein gegen neunundneunzig Moscheen. Aber es gibt keinen Ärger. Emile ist ein halber Heiliger, und die Moslems erkennen sein fürsorgliches Herz. Der alte Franzose, obwohl geistig Lichtjahre von seinem Landsmann entfernt, ist ein Rimbaud-Leser. Was er an Dokumenten zusammengetragen hat, lässt darauf schließen, dass dem Dichter auf dieser Welt nicht zu helfen war. Zu gierig sein ungezügeltes Verlangen, zu fordernd sein wütendes Herz, zu einsam seine unbeugsamen Sehnsüchte. Der Missionar führt mich durch das Haus, zuletzt in den Salon. Hier hat Rimbaud gesessen, seine Gespräche mit den damaligen Missionsleitern sind verbürgt.

Es verschafft – und wäre es reine Einbildung – ein überwältigendes Gefühl, sich in der »Nähe« eines Menschen zu bewegen, der ein so einzigartiges Genie besaß. Ich weiß noch, wie ich vor Jahren nicht weit von Tunis das Hotel Dar Zarrouk betrat, in dem André Gide oft gewohnt und gearbeitet hatte. Ich ging an die Rezeption und fragte, ob ich das Zimmer von ihm sehen könnte. Der Mann blätterte im Gästebuch und sagte: »Tut mir Leid, aber Monsieur Gide ist nicht da. Ein Freund von Ihnen?« Ohne zu zögern log ich voller Ergriffenheit: »Ja, er ist ein Freund von mir.«

Die Altstadt hat ihre Magie nicht verloren. Eng, schief, dunkel, vielleicht tausend Jahre alt. Jeden Tag ziehen Kamelkarawanen durch die Tore. Noch immer backen die Frauen ihr Brot Injera – säuerlich und flach wie ein Putzlappen – über dem offenen Feuer. Wie alle Jahrhunderte zuvor, hocken die Fliegen auf dem Fleisch der Metzger, klecksen die Esel aufs Pflaster, fressen die Ziegen den Abfall der Straße, stöhnen die Bettler ihr Schicksal.

Schön das Bild der Oromo-Mütter, die aus den umliegenden Dörfern zum Markt kommen, auf dem Rücken die Babys, um den Hals und die Arme den klimpernden Schmuck.

Aus verschiedenen Ecken kommt das Gebrüll der Kleinsten, zur Ehre Allahs. Zwei Dutzend Koranschulen gibt es am »viertheiligsten Ort« des Islams. Das ist ein Blick ins Mittelalter. Im Hinterhof sitzen die Kinder und schreiben auswendig die eingetrichterten Suren. Fünf bis acht Jahre lang dauert die Schulung. Arabisch lernen und den Koran, sonst nichts. Ganztägig. Erst hinterher dürfen sie auf die Grundschule, die nicht zwanzig Prozent von ihnen abschließen. Der Kabir – der Lehrer – überwacht entspannt durch die offene Tür den Unterricht. Lümmelt auf weichen Decken, raucht,

kaut Chat, trinkt Tee. Das stundenlange Gejohle stört ihn nicht. Auch nicht die Fliegenhorden und das Knallen der Peitschenhiebe, mit denen Achtjährige den Fünfjährigen das »Wort Gottes« auf die Haut brennen. Ist der Unterricht zu Ende, wollen ein paar der Kleinen Sekunden früher davonrennen. Kein Ausweg. Am Tor werden sie zurückgeboxt, wieder das Surren des Ziegenleders. Seltsam, die Kinder scheinen nicht unglücklich. Sie nehmen es hin, haben nie etwas anderes erfahren.
Ich bin mit – nennen wir ihn so – Ahmed unterwegs. Früh abends zieht er sich zurück. Er ist jung und wird gesucht, für den Krieg. Alle sechs Monate werden in Harar, wie überall in Äthiopien, Jugendliche nachts – so entsteht kein Aufruhr – von der Straße weg zwangsrekrutiert. Jede Kebele, eine Art Stadtteilverwaltung, muss bestimmte Quoten liefern. Ahmed hat einen Bekannten im zuständigen Gremium, der ihn rechtzeitig warnt. Der Junge spielt mir ein Papier zu, auf dem alle Namen der potenziellen Opfer aufgelistet sind. Daneben Anmerkungen, die Aufschluss darüber geben, wie das gemeine Volk, sprich Familien ohne Einfluss und Geld, »bevorzugt« werden.
Außerhalb der Stadtmauern, direkt hinter dem Erer-Tor, liegt das Lepradorf. Tausend verdämmern in den Tukuls, den lehmverkleisterten Bambushütten. Wer anklopft und eintritt, dem wird wieder klar, wie grausam arm dieses Land ist. Ich setze mich und höre zuerst nur das Geräusch von flirrendem Ungeziefer. Dann gewöhnen sich die Augen an die muffige Finsternis, sehen drei verfaulende Menschenwesen. Der Fußstumpf einer Frau liegt offen auf der schmutzigen Erde. Seit Jahren spürt sie die blutschleckenden Fliegen nicht mehr, das Fleisch ist tot. Die Alte sieht meine Verwirrung und streicht mir mit ihren Rumpfhänden über den Rücken. Ich lege den Geldschein in ihren Schoß. Gäbe ich ihr eine Million, sie könnte sie nicht nehmen. Ihre Finger sind verschwunden.
Mystische Stadt. Spät durch die Gassen ziehen und im Licht der Mondnacht nur die glimmenden Zigaretten sehen, rauchende Männer, die unter freiem Himmel schlafen. Plötzlich den nächtlichen Schatten eines Menschen bemerken, der zu sprechen beginnt und wie selbstverständlich zu einer Tasse Shai in sein Haus einlädt. Einen Sack Fleischreste kaufen und sich am Fallana-Tor aufstellen und Girmar und Mimy und Irso und Shermud rufen. Und warten, bis die Hyänen im Schutze der Dunkelheit näher kommen und die Knochen abholen. Noch eine Einladung zu einer »coffee ceremony« annehmen und sich einlullen lassen vom Weihrauch, den Räucherstäbchen und dem Duft gerösteter Bohnen, den man sich ins Gesicht wedelt. Und bis ans Ende aller Tage nicht jene zehn Nachtstunden

bei Tiruwork, der Hexe, vergessen, die greint und flüstert, flucht und bebt und sich hinter einem Vorhang verbirgt und mir fünf Bedingungen stellt – eine Woche lang keine gebärende Frau berühren, kein Totenhaus besuchen, keinen Geschlechtsverkehr haben, einen Tag ohne Alkohol und Telbaöl leben –, bevor sie mich in ihre Nähe lässt. Und mich unter Zuhilfenahme eines begnadeten Hokuspokus – Trommelwirbel, Gebetssalven, blubbernde Wasserpfeifen – in ein Meer orientalischer Worte taucht, aus dem ich letztlich »geheilt« und »vollkommen gesund« wieder auftauche.

»Einst, wenn ich daran denke, war mein Leben ein Fest«, so schrieb Rimbaud am Anfang seiner »Une saison en enfer«. Und drei Sätze weiter heißt es: »Ich fand sie bald bitter und stieß sie wieder fort.« Sie, das ist die Göttin der Schönheit. Der französische Dichter hat das Leben nicht ausgehalten. Nicht einmal, wenn es schön war. Auch in Harar kann er sein loderndes Herz nicht besänftigen. Ihn ekelt. Es widert ihn an, alles: seine armselige Existenz als Kaffeekrämer. Sein mühseliger Versuch, ins Waffengeschäft einzusteigen. Die nie realisierte Idee, als Sklavenhändler – endlich – das große Geld zu machen. Auch die Nähe von Menschen. Auch die Nähe einer Frau. »Ein Glück«, schreibt er aus dieser Zeit an seine Mutter, »dass es nur dies eine Leben gibt und wir dessen ganz sicher sein können, denn es ist unmöglich, sich ein anderes vorzustellen.«

Wer nicht leben will, muss sterben. Bis zum Frühjahr 1891 wohnt er, mit Unterbrechungen, in der Stadt. Dann schwillt sein rechtes Knie, wird steif. Fieber kommt, ein satanischer Schmerz schwärt durch den Körper. Vor Jahren hat ein ägyptischer Arzt seine Syphilis behandelt Jetzt sind die Ägypter vertrieben, die medizinische Hilfe nicht mehr verfügbar. Rimbaud verkauft alles, beschließt nach Frankreich zurückzukehren. Auf einer Bahre tragen sie ihn die dreihundert Kilometer zum Roten Meer. Ein Sturm reißt die Karawane auseinander, die Kamele laufen davon, die Verpflegung verschwindet. »Der Aufenthalt in der Hölle« wird höllische Wirklichkeit. Zwischenstation im Krankenhaus von Aden, er verweigert die Amputation. Krebs kriecht durch seinen abgezehrten Leib, auf einem Dampfer erreicht er Marseille. Am 10. November, drei Wochen nach seinem 37. Geburtstag, stirbt er. Auf seinem Grabstein steht der Satz: »Priez pour lui«, betet für ihn. Isabelle, die bigotte Schwester, ist für diesen Unsinn verantwortlich.

Wie zäh Äthiopien an seiner Vergangenheit hängt. Hungersnöte gibt es hier nicht erst, seit BBC sie live überträgt. Auch der Krieg, der Streit zwischen den Stämmen und Religionen hat eine schmerzhafte Tradition. Die Amharen, die christliche Ober-

schicht, will die Macht nicht teilen. Demokratie ist weit, vielleicht noch ein nächstes Jahrhundert weit entfernt.

In monumentalem Gegensatz zu der politischen Borniertheit, dieser Unfähigkeit, sich als Nation zu empfinden und dieses manische Misstrauen untereinander aufzugeben, steht eine Wärme, ja scheue Zärtlichkeit dem Fremden gegenüber. Selbst der von seiner eigenen Trauer oft blinde Rimbaud hat sie mehrmals erwähnt, jene Fürsorge der »Eingeborenen«. Natürlich, als weißer Fremder haben sie es leichter mit mir. Ich bedrohe sie nicht, gehöre zu keinem konkurrierenden Clan, bin nicht Moslem, nicht Christ, will kein Kamel stehlen und keine Kuh heimlich melken. So lerne ich Männer und Frauen kennen, die mich immer dann beschützen, wenn ich dem Leimsieder begegne und er mir redet von der Boshaftigkeit der Welt.

Sobald ich Harar verlasse, ist meine travel permit ungültig. Aber das Innenministerium ist weit. Insgesamt werde ich noch siebzehn Straßensperren überqueren. Vorposten, um den Schmuggel zu »kontrollieren«. Aber mein Rucksack ist zu klein für einen Elefantenstoßzahn aus Kenya und zu leicht, um zwanzig Kilo Kaffee ins rentable Addis zu schaffen. Niemand fragt nach meinen Papieren. Was die Polizei jedoch beunruhigt, ist die Tatsache, dass ich allein unterwegs bin, zu Fuß über einsame Landstraßen wandere. Eindringlich werde ich über den nächsten Stamm informiert. Die Kehle würde man mir aufschneiden und den Geldbeutel. Und abnehmen die Hoden und Unterschenkel. Erreiche ich dann – noch vollständig – eben jenen Stamm, vor dem ich gerade inständig gewarnt wurde, passieren zwei erstaunliche Dinge: Ich werde zum Essen eingeladen und gefragt, wie es denn möglich sei, so unbeschädigt hier anzukommen. Denn da, wo ich gerade herkäme, lebe ein ganz besonders hinterhältiger Menschenschlag.

Weiterwandern, die einzige Straße Richtung Hauptstadt entlang. Mäßiger Verkehr, kaum zwei Autos pro Stunde. Der Blick von den Serpentinen fällt auf ein mächtiges Land. Immer, ja immer, hält ein Wagen, wenn ich winke. Also winke ich nicht und gehe. Weil ich etwas entdecke, was ich wieder lernen will: Reisen ohne Anschlussflug, ohne fahrplanmäßige Garantie. In diesem Hungerleiderland Ätiopien kommt Vertrauen über mich, ich fühle mich behütet.

Das Gehen tut den Augen gut: Ziegenböcke, die im Straßengraben kämpfen. Frauen, die im Dorftümpel die Wäsche waschen. Mädchen, die mit Eselskot die Felder düngen. Kuhhirten, die ihre Kalaschnikow reinigen. Mütter, die ihren Kindern eine Glatze schneiden. Läuse plagen. Eine alte Frau, die mir dreimal ins Gesicht spuckt. (Der Speichel soll Glück bringen.) Alte Männer, die ihre Hand heben und »welcome« sagen. Und ich, den in solchen Augenblicken die zwanghafte Lust überkommt, mir einen Afrikaner vorzustellen, der mit einem Rucksack durch ein Nest in Deutschland geht und von Deutschen begrüßt wird, die ihm »Willkommen« zurufen.

Gehen, später fahren. Ich mache ein Zeichen und ein Limonaden-Laster hält. Sie sind zu fünft im Führerhaus, ich bin der sechste. Sie verteilen ihren Chat, ich meine Zigaretten. Geld nehmen sie nie. Die späte Nachmittagssonne leuchtet durch die Scheiben, man hört die Flaschen scheppern, von fern kommt uns ein Mensch auf der staubigen Straße entgegen.

Lässig geht ein Tag zu Ende. Fast. Als wir auf gleicher Höhe mit dem Fußgänger sind, entfährt Abiy, dem Siebzehnjährigen neben mir, ein gellender Schrei. Während der anschließenden Vollbremsung ziehen er und sein Bruder Maseret aus den Hosentaschen ihre Berettas 7.65 Kaliber, stoßen die Tür auf und rennen hinter dem Mann auf der Straße her, der sofort die Gefahr erkennt und Richtung nächstes Dorf flieht. Außer dem Fahrer nehmen alle die Verfolgung auf. Den Revolver in der Hand und im Laufschritt erklärt mir Maseret, dass der Mann ein Dieb sei und den Limonadenhändler mehrmals betrogen habe.

Eine zivilisierte Lösung bahnt sich an. Der Flüchtige verschwindet in einer Hütte, alle Einwohner strömen zusammen, großes Palaver. Am Ende überredet ein Onkel den Gesuchten, sich zu stellen. Dafür müssen die Waffenbesitzer ihre Magazine ausleeren und die Patronen abgeben. Der Verdächtige wird auf die Ladefläche verfrachtet, wir fahren weiter, nach zwanzig Kilometern kommt eine Polizeistation, wir stoppen. Sie bleiben, ich ziehe weiter.

Die Bilder verändern sich. Nach der fruchtbaren Hochebene geht es bei Asbe Tefari wieder hinunter und das Land wird Savanne, wird heiß, trocken und flach. Meist findet sich ein winziges »Hotel« mit Bett, mit Nachttopf und Wasserflasche zum Waschen. Und einem Sonnenuntergang, der mit allem versöhnt. Im Gegenlicht des purpurfarbenen Abendlichts sitzen die schwarzen Silhouetten der Marabus in den Kronen der Schirmakazien. Stille. Nur manchmal ein Flügelschlag. Es scheint, als atmete die Erde aus.

Ich renne hinaus in die Wüste, um den Himmel anzustaunen und die Kinder wetzen in eine Seitengasse, wo das Dorfkino steht, ein Videogerät. Das Kaff knallt, wenn Chuck Norris und Sylvester Stallone die Botschaften des Westens verkünden. Gibt es Strom, so haben sie überall dasselbe Nachtleben: die Leichen aus Hollywood, die Mädchen

und das Geplärr der Radios in den buna bets, die verrußten Kneipen, wo Männer rohes Fleisch essen und blau werden vom Tej, dem hausgemachten Honigwein. Und die dunklen Gestalten, die mit alten amerikanischen Karabinern über den Schultern nach kräftigen Minderjährigen suchen.

Noch eine Geschiche. Hätte einer sie erfunden, niemand würde sie glauben. Bei Mojo bin ich hinunter in den Süden des Landes getrampt. Mehrmals auf dem Soziussitz eines Motorrads. Fahrt vorbei an den sieben berühmten Seen Äthiopiens, reich an fetten Krokodilen und wundersamen Vögeln. Irgendwo werde ich ausgeladen. Ein paar Häuser, ein paar Hütten, die Hauptstraße. Ich suche Wasser und finde das »Hotel Paradies«. Es gibt nichts, nur lauwarmen Shai. Ein gelähmter Alter starrt auf den Boden, drei Jugendliche dösen auf einer Bank, in einem Aluminiumteller liegt ein fader Rest Injera. Siesta, keine Musik, im Augenblick Stromausfall. Ich schlürfe meinen Tee und etwas ganz Unspektakuläres, ganz Ungeheuerliches passiert: Vier abgerissene Herren betreten den Raum. Der Jüngste nähert sich zielstrebig einem Stuhl und verrückt ihn zweimal. Dann schreiten alle gemeinsam zur Theke, schlagen ein großes Buch auf und diskutieren. Ruhig, bald heftiger. Genauso: hereinkommen, den Stuhl verrücken, das Buch aufschlagen, diskutieren. Bis einer der Herren mich entdeckt und freundlich lächelnd die Hand ausstreckt. Ich frage, und er klärt mich auf. Und Freudeschluchzer schütteln meinen Leib. Weil Afrika phänomenal ist und hier noch Wirklichkeiten stattfinden, die mein armselig europäisches Hirn nicht mehr zu träumen wagt. Hier, in diesem Kral der Vierten Welt, amtshandelte der »TÜV«. Ich war gerade Zeuge einer routinemäßigen Überprüfung des Paradies-Hotels.

Tage später muss ich zurück. Eine Autostunde südlich der Hauptstadt halte ich in Debre Zeyt. Ein Unternehmen beginnt, das mich an den Saum meiner Kräfte treibt. Der Anfang ist sorglos, ein Landrover nimmt mich die ersten fünfzehn Kilometer landeinwärts mit. Dann kommen die nächsten fünfzehn. Zu Fuß, mit Rucksack. Der nächtliche Regen machte die Erde schwer, fette Klumpen haften an den Stiefeln, die Sonne brennt. Nach dreieinhalb Stunden beginnt der Aufstieg zum 2989 Meter hohen Mount Ziqualla. Ganz oben gibt es ein Kloster, eine uralte orthodoxe Kirchengemeinde. Beten, fasten, heilige Schriften lesen, sonst nichts. Ich verirre mich, der enge Pfad hört auf.

Ich gehe weiter, lande im Dickicht. Dornige Stauden, höher als zwei Meter, reißen über die Haut meiner Unterarme, über Hemd und Hose. Erleichterung, als ich den Ausgangspunkt wieder finde.

Neuerlicher Aufstieg, diesmal stimmt die Richtung. Ich rauche viel, um die Fliegenpest zu vertreiben. Sechs Stunden später bin ich oben. Ich zittere vor Erschöpfung.

Der erste Mensch, den ich sehe, ist eine kleine verkrüppelte Frau. Ein Buckel sitzt auf ihren Schultern. Eine Nonne. Wieder beginnt ein afrikanisches Märchen. Sadal lacht, als sie mich »Shai« betteln hört. »Yes, yes, shai, shai«, kichert sie und nimmt mich bei der Hand. Die umstehenden Schwestern und Brüder folgen. Vorbei an der runden Holzkirche zu den im Wald verstreuten Lehmhütten, jede mit einem Kreuz auf der Tür. Sadal sperrt auf, breitet eine Bastdecke aus, besorgt zwei Wolldecken, um mich zu wärmen.

Der schweißgebadete Körper friert jetzt, abends zieht ein kalter Wind über die Bergspitze. Sie machen Feuer und kochen Wasser, eine Öllampe brennt. Ich trinke vier Tassen Tee. Jemand bringt einen Teller Bohnen, dazu drei hart gekochte Eier. Bevor sie mir das einzige Bett – es hört da auf, wo meine Knie anfangen – anbieten, ziehen mir Nonne Brama und Mönch Mariam die Schuhe aus. Vorsichtig, da ein halbes Dutzend Blasen wehtun.

Inzwischen steht wieder ein Topf warmen Wassers bereit. Und Brama gießt. Und Mariam wäscht meine Füße. Sanft, geduldig. Und so heiter und unbefangen, dass ich es annehmen kann und kein Augenblick der Scham die Zeremonie beschwert. »No problem here«, lachen sie, »everything happy«. Vielleicht habe ich etwas begriffen von diesem Land. Rückblende: In dem Lepradorf neben der Stadtmauer von Harar gab es eine bescheidene Krankenstation. Im Vorraum saß eine alte Frau mit einem Baby. Die dünnen Glieder, die großen Augen im großen Kopf, der Blähbauch. Die Kleine biss in die eigenen Unterarme, Zeichen von Hunger. Auf jedem Körperteil die grässlichen Fliegen. Die Mutter war kurz nach der Geburt gestorben. Und die Großmutter wohnte weit draußen, hatte nicht die Kraft, jeden Tag zu kommen.

Krankenschwester Nigisti brachte eine Milchflasche, legte das Kind in eine Wanne, wusch es, schnitt die fast unsichtbaren Nägel. Noch immer biss es in seinen Unterarm, noch immer wimmelten die Fliegen um seine Augen.

Zurück im Behandlungszimmer fiel mein Blick auf den überfüllten Warteraum. Ich wollte etwas fragen und konnte nicht. Vermutlich der Stress. Ich versuchte es noch einmal, wieder vergeblich. Schon schauten die Leute herüber, und ich hörte Nigisti sagen: »You don't have to cry.«

So stimmt der Satz, den der amerikanische Fotograf Robert Capa kurz vor seinem gewaltsamen Tod einmal gesagt hat: »Du musst ganz nah herankommen, erst dann wirst du verstehen.« ■

UNTERWEGS IN OSTAFRIKA

Ich hatte schon lange von einem Flug zum Vulkan Ol Doinyo Lengai geträumt. Und jetzt sollte es nach dreitägigem Warten auf dem Wilson Airport in Nairobi an der fehlenden Genehmigung scheitern, die kenianisch-tansanische Grenze zu überfliegen? Abends erzählte ich in der Airport-Bar dem kenianischen Piloten David von unseren Schwierigkeiten. Spontan bot er mir an, uns am nächsten Tag zum Ol Doinyo Lengai zu fliegen. Anderntags ist David pünktlich am Flugzeug, doch zwei Mechaniker sind noch Stunden beschäftigt, das völlig zerlegte Triebwerk wieder zusammenzuschrauben. Um drei Uhr nachmittags rollen wir über die Graspiste, als Flugziel gibt David frech einen Rundflug über Nairobi an. Kaum aus dem Sichtfeld des improvisierten Towers, dreht er nach

Süden ab und fliegt in Richtung tansanische Grenze. Noch bevor wir die Grenze überfliegen können, meldet sich die tansanische Flugsicherung und fragt nach der Nummer unserer Überfluggenehmigung. David achtet nicht weiter auf die Funksprüche, er zieht die Maschine nach oben. Der Fluglotse meldet sich nun in immer kürzeren Abständen und wird immer ungeduldiger. Davids Reaktion ist einfach, er schaltet das Funkgerät ab! Ich habe keine Zeit, mich zu wundern, denn unter uns taucht der Natronsee auf, dessen Wasser einen extrem hohen Sodagehalt aufweist. Dort, wo der Wasserspiegel gefallen und der Seeboden getrocknet ist, hat sich das Sodasalz zu riesigen Polygonmustern kristallisiert, die von Purpurbakterien violett eingefärbt worden sind. Tektonische Aktivität bricht das Muster von Zeit zu Zeit auf, woraus riesige Ringmuster entstehen. Südlich des Sees ragt der gleichmäßige Kegel des Ol Doinyo Lengai auf, der zu den aktivsten Vulkanen Afrikas zählt.

Die Aktivität des Natronsees und des Ol Doinyo Lengai ergibt sich aus ihrer Lage im ostafrikanischen Rift Valley. Das Rift Valley zieht sich als Grabenbruch vom Roten Meer durch Dschibuti und Äthiopien nach Ostafrika hinein, wo sich der Grabenbruch in zwei Arme aufteilt. Der zentralafrikanische Arm wird durch die Virungavulkane markiert. Die Seenkette zwischen dem Turkana- und Natronsee sowie die Vulkane Kilimandscharo, Mount Kenya und Ol Doinyo Lengai folgen hingegen dem Verlauf des östlichen Arms.

■ In keinem Land Ostafrikas sind die Einkommensunterschiede so groß wie in Kenia. Im Laufe der jahrzehntelangen korrupten Herrschaft des Moi-Regimes entstand eine kleine sehr reiche Oberschicht, während große Teile der Bevölkerung Kenias verarmten. Den Landbewohnern geht es dabei vergleichsweise besser als jenen, die versucht haben, in den Großstädten Fuß zu fassen. Oftmals noch intakte familiäre Strukturen und günstige natürliche Voraussetzungen ermöglichen den Bauern entlang der Seen des Rift Valley ein menschenwürdiges Leben.

Nach Mitternacht waren wir mit zwei ruandischen Rangern in Ruhengeri aufgebrochen und bei Dauerregen die Hänge der Virungavulkane hinaufgestiegen. Als der Morgen dämmerte, langten wir durchnässt und erschöpft in jenem unzugänglichen Gebiet an, in dem die letzten Berggorillas leben. So sehr wir das dichte Buschwerk absuchen, wir stoßen weder auf Berggorillas noch auf ihre Spuren. Trotzdem habe ich das Gefühl, beobachtet zu werden. Plötzlich teilt sich das Grün, und ein riesiger Gorillamann baut sich vor uns auf. Wir erschrecken zu Tode. Es dauert eine Weile, bis wir die Situation erfassen und uns duckend zurückziehen. Aus einer Entfernung von 3 m beobachten wir, wie die ganze Gorillafamilie aus dem Dickicht auftaucht.

■ Im letzten Abendlicht erreichen wir ein kleines Fischerdorf am südwestlichen Ufer des Turkanasees und atmen erst einmal durch. Hinter uns liegen 200 km Fahrt durch seit Jahren unsicheres Gebiet. Hier befehden sich Turkana und Samburu, die beiden Nomadenvölker. Auslöser sind häufig Viehdiebstähle, die immer wieder zu regelrechten Massakern eskalieren. In Nordkenia beschränkt sich die Autorität der Polizei auf die wenigen Städte, die Wüstengebiete dazwischen sind für Reisende gefährlich.

■ Wie eine Insel der Seligen liegt der Marsabit Mountain inmitten der trostlosen Wüsten Nordkenias. Heranziehende Luftmassen steigen an dem längst erloschenen Vulkan auf, kühlen ab und ergießen ihre Regenfracht über Marsabit Mountain. In dem dichten Bergnebelwald lebten Anfang der 90er-Jahre

noch große Elefantenherden, die für ihre riesigen Stoßzähne berühmt waren. Wir warteten stundenlang an einem der Kraterseen, ob eine Herde auftauchen würde, und wurden belohnt. Inzwischen haben Wilderer fast den gesamten Elefantenbestand an den Hängen des Marsabit Mountain ausgerottet.

■ Trotz großer politischer und wirtschaftlicher Umwälzungen in den letzten fünfzig Jahren leben die Massai auch heute noch meist traditionell. Dies gilt sowohl für die Einhaltung strenger sozialer Regeln wie für Kleidung, Schmuck und Wirtschaftsweise. Als halbnomadische Rinderzüchter ziehen sie durch die Trockensavannen des südlichen Kenia und nördlichen Tansania. Der sich immer weiter ausdehnende Ackerbau sesshafter Völker, nationale Grenzen und die Ausweisung von Nationalparks schränken ihren Lebensraum jedoch bedrohlich ein.

■ An den Hängen des 5000 Meter hohen Ruwenzori wächst eine üppige, großwüchsige Vegetation. So erreichen die Blüten der Riesenlobelien Durchmesser von über einem Meter, Riesensenecien werden bis zu 10 m hoch. Die Ursachen für den Pflanzengigantismus sind umstritten. Neben extrem hohen Niederschlägen kann auch die Tatsache eine Rolle spielen, dass die fast immer währende dichte Bewölkung kaum UV-Strahlung, die normalerweise das Wachstum hemmt, bis zu den Pflanzen durchlässt.

LOHN DER ANGST

MIT 40 000 LITERN BENZIN DURCH OSTAFRIKA

Alle haben sie Angst. Keiner will mich mitnehmen. Sechs Tage und fünf Nächte soll die Fahrt dauern: eintausendfünfhundert Kilometer, vier Länder, vorbei an Hundertschaften von Polizei und Armee. Nur Fahrer und Turnboy, der Mechaniker, sind erlaubt. Ich bin »ungesetzlich«, verboten und nicht versichert. Aber Joe traut sich, sagt: »Angst reinigt die Seele.« Dann klärt er mich auf, verkündet Vorsichtsmaßnahmen, dramatisiert, verweist auf den Kleinmut der anderen, lässt nichts aus, um die Transportkosten nach oben zu treiben. Mit Recht. Nach knapp einer Woche ist er der Erste, der das Risiko aushält. Sein Job steht auf dem Spiel, er hat jeden Grund zu wuchern.

Wir einigen uns. Es ist ein warmer Abend in Nairobi, Joe zieht einen Marihuanajoint aus der Tasche. Im Nebenraum der Pension zirkuliert ein anderer Stoff, Brown Sugar, sauberes Heroin aus Pakistan. Stilles Rauchen.

Bis es unten an der Haustür scheppert. Zügig verschwinden die Utensilien. Polizei. Ein Routinefall, niemand gerät in Panik. Eine typisch afrikanische Lösung steht bevor. Die Polizisten beschuldigen, die Fahrer leugnen. Ich bin eher lästig, da nun Zeuge eines lang erprobten Rituals. Zuletzt geht einer der Anwesenden mit hinunter und besteigt den Polizeiwagen. Jetzt ist Teezeit. »Toa chai«, sagen sie hier. Gib Tee, soll heißen: Rück' den Kies raus!

Diesmal sind es zweihundert »Bob«, zweihundert Shilling, in die Privatschatulle der Beamten. Nach drei Runden um den Häuserblock steigt der Geldgeber wieder aus. Freundlicher Abschied, sogar die winzigen Tütchen mit dem brisanten Stoff gehen an ihn zurück. »Du siehst«, grinst Joe, »da ist immer Gefahr. Und da ist immer ein Ausweg.« Er lacht wieder. Morgen geht es los.

Sieben Uhr früh treffen wir uns am Parkplatz. Alle, alles bereit: André aus Burundi, der Turnboy, lieber Mensch mit einem tollkühnen Pferdegebiss. Der Tanklaster mit Anhänger, ein Mercedes mit 240 PS und 40 000 Litern Superbenzin. Joe, der 37-jährige Tansanier, der seit zwei Jahren die Strecke Nairobi-Bujumbura fährt. »Jesus is love« steht auf dem Armaturenbrett, im Handschuhfach liegt der Rosenkranz.

Richtung Westen. Richtung Uganda. Nach elf Minuten die erste Straßensperre mit quer liegenden Nagelbrettern. Was sich jetzt abspielt, wird in ähnlicher Form noch viele Male passieren: Joe lügt irgendeine Geschichte, um meine Anwesenheit zu rechtfertigen. Einmal bin ich Getriebespezialist, der den Motor überwacht. Irgendwann reise ich als Generalvertreter von Daimler Benz durch Ostafrika. Mindestens zehn Mal gehe ich als Beifahrer durch, der angelernt werden muss. Ein halbes Dutzend Mal bin ich als Bruder des Spediteurs unterwegs. Wie belanglos. Entscheidender: Sobald die Polizei mich sieht, verlässt ein Schein meine Börse. Ohne Aufsehen, zügig und diskret findet ein Geldwechsel statt.

Oft müssen wir runter von der Hauptstraße, gesperrt für Schwertransport, Weiterfahrt auf noch elenderen Pisten. Viele Fahrer ziehen am äußersten Rand entlang, um den schlaglochgepflasterten Mittelstreifen zu vermeiden. Das kann ungute Folgen haben, da die Ränder so abgeschrägt sind, dass die voll geladenen LKWs kippen und in den Straßengraben donnern. Lautstarke Landung in der Seitenlage. Anschließend die rührigen Versuche von hilfsbereiten Kollegen, die fünfundzwanzig Tonnen mit dünn gefransten Seilen wieder hochzuhieven. Joe hat andere Sorgen. Mit dem explosiven Material darf er in keinem Fall die Mitte der Straße verlassen. Fallen wir um, war das unsere letzte Fahrt. Joe schwitzt jetzt, die Konzentration verbrennt eine Menge Energie.

Sechseinhalb Stunden brauchen wir für die ersten hundertfünfzig Kilometer. Dennoch, wir haben viel Freude. Ein intensiver Höhepunkt ist der Motorradfahrer, der einen entgegenkommenden Truck überholt und sich dabei todesmutig verrechnete. Will er am Leben bleiben und nicht an unserer Stoßstange zerfetzen, bleibt ihm nur ein Ausweg: Schussfahrt ins stoßstangenfreie Teefeld. Sein Hechtsprung, der kostbare Augenblick der Trennung von Maschine und Mensch, ist so überwältigend komisch, dass wir alle drei zählebige Augenblicke des Glücks empfinden. Der Rennfahrer hat Format. Wir winken, er winkt zurück.

Abends erreichen wir Kisumu. Der rosafarbene Seidenhimmel, Männer und Frauen auf dem

Weg nach Hause, die bunten Lampen an den Veranden der Häuser. Nur außerhalb der Stadt dürfen wir parken. Wir gehen essen, und Joe erzählt eine wunderbare Geschichte: Als er zum ersten Mal nach Burundi fuhr, wurde er an der Grenze verhaftet. Als angeblich eingeschleuster Hutu-Spion aus Ruanda. Zwei Monate vegetierte er in einer großen Gemeinschaftszelle im Gefängnis von Bujumbura, der Hauptstadt. Er trank viel Wasser, um den Hunger zu beschwichtigen. Manchmal gab es Fleischsauce – auf die Handfläche. Mit der Zeit wurde die Zelle geräumiger. Ein paar Dutzend siechten weg, Unterernährung, Schwäche, Krankheit. Dann brach ein Staatsstreich aus, die Zuchthäuser wurden geöffnet, in Hemd und Hose stand Joe auf der Straße.

Er ging in eine nächste Kaschemme, bettelte um ein Bier und sah hinter der Theke eine brave, kugelrunde Burunderin stehen. Zahara wurde seine Freundin. Sie nahm ihn zu sich nach Hause, legte ihn ins Bett und behütete seinen misstrauischen Schlaf. Tage später schrieb Joe einen Brief an seine Frau im fernen Daressalam. Dass er sie liebe, schrieb er. Und dass er ein Mann wäre, so weit, so lange von ihr fort. Sie verstand, und versprach, auf ihn zu warten.

Tags darauf, kurz nach Mittag, treffen wir in Busia ein, Grenzort zu Uganda. Das Verhältnis der beiden Staaten ist nicht ohne Spannung. Manchmal wird hier geschossen. Es gibt Tote. Hinterher konfuse Verlautbarungen und gegenseitige Schuldzuweisungen. Wir trennen uns, ich gehe allein hinüber. Ein gemeinsamer Grenzübergang wäre zu teuer, für Joe. Zu viele müssten hier bedacht werden. Im Immigration Office hängen verschiedene Aids-Plakate an den Wänden: »I say NO to Aids!« (Wer nicht?). Witzig die Zeichnung eines Truckers hinterm Steuerrad, der stur geradeaus blickt, während vom Straßenrand aus lüsterne Frauenarme nach ihm verlangen, Text: »I am proud, I'm driving straight home to my wife«. Das soll helfen, immerhin gehört das Land zur afrikanischen Spitzengruppe einschlägig Infizierter. »Slim-Desease«, heißt sie hier. Weil der Mensch so fürchterlich dünn wird, schier zu Tode abmagert.

Uganda scheint auf dramatische Weise ärmer als Kenia. Busia ist ein Stinkloch, eine nackte Frau turnt auf einem Misthaufen, überall lungern die Schwarzhändler mit ihrer armseligen Währung. Fünfzehn Jahre lang – von 1971 bis 1985 – diente das Land als Schlachthof. Zuerst für Idi Amin, der sein Plansoll von hundert Leichen pro Tag souverän erledigte, später für Milton Obote, der als Befreier einzog und als verfluchter Massenmörder vertrieben wurde.

Die Straßensperren häufen sich. Halbwüchsige mit Bajonett und Schnellfeuergewehr, alle Mitglieder der National Resistance Army, kontrollieren unsere Papiere. Und fordern. Ich erreiche ein bemerkenswertes Tief: Für umgerechnet zehn Cent pro Check darf ich passieren.

Kurz vor 18 Uhr sind wir in Naluwerere. Ein schäbiges Kaff, auf den morastigen Parkplatz rollen die Lastwagen. Ab jetzt Nachtfahrverbot. Joe und ich finden ein Zimmer in der Safari-Lodge. Ein Bett, kein Licht, kein fließendes Wasser, unbetretbare Toiletten. An der Bar sitzen die Mädels. Keine frostigen Nutten, eher das, was man im Wilden Westen einmal die »Good Time Girls« nannte. Das Leben ist hart, also trinkt man zusammen, raucht, redet, will vergessen, will riechen und spüren. Nie wird über Preise verhandelt. Irgendwann steht man auf und verbringt die Nacht zusammen.

Ein Wolkenbruch platzt auf das Dach der Veranda. Ich renne über die Straße. Weil ich naiv bin und glaubte, das nächtliche Fahrverbot wäre verbindlich. Im wahrhaft letzten Augenblick erkenne ich ein schwarzes Monster, einen Laster ohne Scheinwerfer, der meinen Weg kreuzt. Später wird die Nacht still und trocken. André sitzt im beleuchteten Führerhaus, stumm bewegt er die Lippen, fährt konzentriert mit dem rechten Mittelfinger die Zeilen entlang. Er liest das »Yohani«-Evangelium, auf Suaheli. Nach einer Stunde Licht aus. Er schläft hier, soll das Benzin bewachen, legt den Körper auf die drei Sitze. 45 Euro verdient er pro Monat. Dafür dreißig Tage Rad wechseln, Diesel nachfüllen, Ölstand prüfen, Reifendruck kontrollieren und Nachtwächter spielen.

Ich liege im Dunkeln. Durch den von tausend Leibern dünn gelegenen Schaumstoff spüre ich den Lattenrost, die Moskitospirale glimmt, ich denke an Sagar, eines der Barmädchen, das mir von ihren Eltern erzählte, die unter den Kugeln von Obotes Soldateska ihr Leben verloren. Letztes Jahr starb ihre Schwester an Aids. Seitdem leuchtet ein rotes Kreuz an der Haustür ihrer Familie. Ich versuche zu schlafen, schwierig. Aus dem Nebenzimmer dringen eindeutige Geräusche, Joe beim Liebemachen.

6.30 Uhr Abfahrt im Frühnebel. Joe ist bester Laune, blödelt, küsst den verschlafenen André, fährt mit Vollgas in den zähen Dunst. Überholt vor uns ein Laster, schließen wir uns hurtig an. Das ist lebensgefährlich logisch. Kracht es, kracht es zuerst beim Vordermann. Intensives Leben, intensiver Tod. Die beiden lachen mich aus. So oft ist es gut gegangen, warum nicht heute?

Die Sonne kommt. Uganda ist kein sagenhaft schönes Land, aber saftig, fett, mit einer großzügigen Erde. Bananen wachsen, Kaffee, Tee, Maniok. Ein Volk holt Luft. Erste zaghafte Versuche von Wiederaufbau. Wir laden fünf Säcke Holzkohle, zwei Bananenstauden, drei Stück Federvieh. Preisgünstige Versorgung für die Lieben in Bujumbura, für Joes Freundin und Andrés Frau mit den fünf Kindern.

Wir nähern uns dem Äquator. Joes schweißgebadetes Gesicht. Stundenlang manövriert er den Tanker über marode Pisten. Beschleunigen, bremsen, sanft in ausgeschwemmte Löcher eintauchen, wieder beschleunigen, wieder bremsen. Dazwischen beide Fenster schließen, um die vom Gegenverkehr mitgebrachten Staubpyramiden abzublocken, vergebliche Versuche, die Heißluft blasende Heizung abzustellen, einen Lappen zwischen Gaspedal und siedendes Motorblech legen, Lügengeschichten erfinden und Schmiergelder zahlen. Ein paar Mal verliert der Tansanier die Nerven. »These fucking African bastards«, flucht er dann, kotzt auf die eigene Rasse, drischt auf das Armaturenbrett, jagt die 40 000 Liter und 15 Tonnen Eigengewicht ungebremst über die wund gescheuerte Straße. Sofort strecken André und ich die Hände nach oben, um uns abzustützen, um zu verhindern, dass unsere Schädel wie Springbälle gegen das Blechdach knallen.

Das ist das Schluchzen des Schwarzen Mannes, seine Verzweiflung, die zornbebende Erkenntnis, dass nichts anders wird, dass Leben und Arbeit auf diesem Kontinent nie leichter werden, nur mühseliger, nur mitleidloser.

Am frühen Abend sind wir in Lyontande, 200 Kilometer südwestlich von Kampala. Wir finden die Dembe Bar Lodging, die einzige Unterkunft, die einen relativ gefahrlosen Stuhlgang ermöglicht. Feiner Abend, Glühwürmchen leuchten am Boden, und die Sterne strahlen vom Himmel. Und überall im Ort stehen schöne Wörter: Moonlight-Hotel und Delicious Meals und Sunshine-Diner. Sprache als Aphrodisiakum, um die karge Wirklichkeit auszuhalten. Aber wir haben genug zu essen: Eier, Ugali – Maismehl in heißem Wasser zubereitet –, Chapati und Bier.

Plötzlich fallen Schüsse, im Hintergrund das Geräusch eines näher kommenden Panzers und zwei Stimmen, schneidig und unheimlich deutsch: »Aber das geht doch nicht, Herr General.« – »Doch«, das muss der General sein, »doch das geht!« Ich renne ums Eck und entdecke im Hinterhof eines Gasthauses ein improvisiertes Kino. Vom Balkon hängen die Leintücher, der Generator rattert: »The Special Destination

Force« läuft gerade. Rote Armee gegen Wehrmacht. Russisch, Englisch, Deutsch, alles schreit durcheinander.

Bis der Vorführer den Projektor anhält und die jeweils letzten fünf Meter Film übersetzt. Jetzt sehe ich die Szene noch einmal. Diesmal auf Einheimisch synchronisiert: »Yayogede uti teksi soboka, Kammanda!« und nun der General: »Kyekyo teksisoboka!« Das ist eine Überraschung, als das Publikum hinterher den »Mzungu«, den Weißen, entdeckt. Als ich auf Suaheli erkläre, dass ich aus Deutschland stamme, kommen manchem die Freudentränen. So gerührt scheinen sie von dem stotternden Versuch eines Fremden, in ihrer Sprache zu reden.

Zurück im Hotel sehe ich, dass Joes Tür nur angelehnt ist und die Petroleumlampe neben seinem Bett brennt. Voll angezogen schläft er. Den Hosengürtel öffnen schaffte er noch, für alles andere schien er zu müde. Auch für ein »delicious girl«.

Der vierte Tag wird der längste. Noch einmal sieben Stunden Uganda. Tour de Force, Skelettschmerzen, Knochenarbeit. Am Straßenrand ein paar leer gerostete Panzer und umgeschossene Häuserwände. Daneben Männer und Frauen vor ihren Öfen zum Ziegelbrennen. Joe hat seine Kraft wieder, wir sind kindisch, erzählen uns Witze und unser Leben. Um 14 Uhr erreichen wir Merama Hill, Grenze nach Ruanda. Ich steige vorher wieder aus, das vereinfacht vieles, provoziert weniger Fragen. Etwas Bewegendes passiert. Ein Soldat durchblättert meinen Pass, sein Gesicht wird hell, wehmütig, ja poetisch, meint er: »Nehmen Sie mich doch mit. Dann mache ich es wie Sie und will mit weiten Augen die Welt betrachten.«

Joe ist pleite. Er braucht einen schnellen Kredit, von mir. Ich weiß, dass er zurückzahlen wird. Das gehört zu den Risiken seines Berufes: dass an jeder Grenze neue Schikanen lauern, neue Order, neue Maßregelungen, neue Nebenverdienste. Gegen diese Seuche hilft nur ein Wirkstoff: »Hongo«, schwarzes Money, das so geräuscharm und zahlreich in gefräßigen Hosentaschen verschwindet.

Der Rest des Nachmittags artet in reines Glück aus. Auf tadelloser Straße durch den Kagera-Nationalpark. Hügeliges, sanftes Land. Mit scheuen Gnus und Zebras. Keine Straßensperre, kein Maschinengewehr, kein Nachfragen und Einfordern. Am Horizont ein mokkafarbener Himmel, durch dessen durchlöcherte Wolkendecke die Lichtkegel der Sonne strahlen. Das, behaupten die Massai, sind die Augen der Götter, die auf die Erde blicken. Schöne Augen.

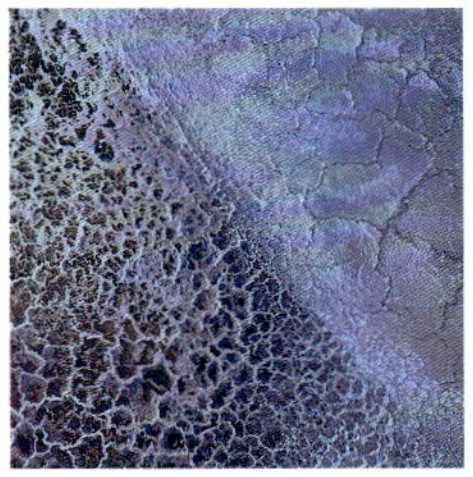

Aber Afrika ist teuer. So viel Sinnenlust muss bezahlt werden.

Um 20.15 Uhr sind wir in Kayonza, hier zweigt die Straße ab nach Kigali. Joe stoppt, rennt in die nächste Bar, beginnt zu trinken. Immerhin Flaschenbier, nicht den magenschändenden Bananensud, den sie hier mit Schilfrohren aus einer Schüssel schlürfen. Joe geht es schlecht, wohl die Strapazen der letzten Tage. Als wir weiterfahren, bleiben die Wagenfenster offen. Joe braucht die kalte Nachtluft, um sein blaues Hirn wachzuhalten. Es nutzt nichts. Manchmal zieht er auf die linke Straßenseite, vergisst permanent abzublenden, der jaulende Gegenverkehr will ihn nicht kümmern. Ich habe Angst und mache einen bösen Fehler: Ich fasse ans Steuer, erinnere ihn schreiend, die Spur zu halten und rechtzeitig abzublenden. Joe verliert die Nerven, brüllt zurück, nennt mich ein »gottverdammtes Arschloch«, das sich um seine eigene Scheiße kümmern soll. Ich habe noch immer nicht verstanden und greife zum Abblendhebel. Darauf hat Joe nur gewartet, haut mir den Arm weg und schaltet das Licht ganz aus. Jetzt blindlings, mit sechzig Stundenkilometern durch das dunkle Ruanda, bergab. Nun Todesangst, auch Andrés spitzer Schrei unüberhörbar. Wie von Sinnen suche ich in meinem Hirn nach dem richtigen Wort, irgendwann fällt mir »sorry« ein, ich rufe es dreimal, viermal, bis Joe zu toben aufhört und aufwacht. Die Lichter brennen wieder, er reicht mir die Hand, wie vom Schafott geholt schlage ich ein.

Der Tag ist noch nicht zu Ende. Je steiler und abschüssiger die Strecke wird, umso gefährlicher die Situation. Maschine und Straße in einwandfreiem Zustand, das Problem liegt woanders. Joe erzählt von nächtlichen Überfällen auf Tanklaster. Benzindiebe, die an Steigungen auf die kriechenden Trucks springen, die Plomben wegreißen und den Sprit absaugen.

Joe fährt Slalom, um im Rückspiegel den Anhänger zu kontrollieren. Bei Schritttempo verlässt André das Führerhaus, umkreist sicherheitshalber einmal den Laster. Schon möglich, dass die beiden übertreiben, jedenfalls ereignet sich etwas Seltsames: Im Lichtkegel sehe ich junge Burschen aus dem Gebüsch treten und heftig einen Kanister schwenken. Kilometerlang geht das so. Manche laufen ein Stück mit und klammern sich an die Außengriffe der beiden Türen. Kein Raubzug, dafür ein schnelles Gespräch durch das Fenster, auf Suaheli. Dann springen sie wieder ab, verschwinden. Keine Erklärung von Joe. Ich soll warten, sagt er, bald würde ich alles erfahren.

Nach einer halben Stunde erfahre ich. Wir bleiben stehen und parken am äußersten rechten Rand, alle Lichter aus. Eine rasante Betriebsamkeit geht los. André öffnet den Tank, steckt einen Schlauch hinein, pumpt sich den Mund voll und leitet den Saft in den bereitstehenden Kanister. Kurz nach Mitternacht verhökern die beiden dreißig Liter Diesel. Die 40 000 Liter Superbenzin sind tabu, was hier weggeht, ist der eigene Brennstoff. Reingewinn: 1 100 Ruanda-Francs, lausige zehn Euro. So viel Energie für so wenig Geld. Wie ich die zwei bewundere, wie viel Kraft, wie viel Mut ihr tagtägliches Leben kostet. Dreißig Liter fehlen jetzt, wir werden noch teuer dafür bezahlen.

0.30 Uhr erreichen wir Kigali, Hauptstadt Ruandas. Und können den LKW nicht verlassen, ein Äquatorregen fällt vom Himmel, zwanzig Minuten lang müssen wir warten. Dann mit Joe ins Hotel Kalibu, eine primitive, saubere Absteige.

Der nächste Vormittag vergeht zäh. André und ich warten auf Joe, der auf andere wartet. Sein Arbeitgeber hat hier einen Partner. Zollformalitäten werden geregelt, Schulden umgeschichtet, Joe pumpt seinen dritten Kredit, um 12.30 Uhr geht es weiter. Durch ein hübsches, kleines Land. Wälder, wieder wachsen Kaffee, Tee und Bananen, dazwischen fette Kühe mit mächtigen Hörnern. Bächlein, Flüsslein, freundliche Bilder für unsere entzündeten Nerven. Wir drei mögen uns, jeder ist jedem wieder gut. Keiner rechnet ab, keiner rechnet nach.

17.59 Uhr halten wir vor dem Schlagbaum in Kanyaru-Haut, dem Grenzhäuschen nach Burundi. Ich packe gerade meinen Rucksack zusammen, André greift nach dem Werkzeug, um einen platten Reifen abzumontieren, Joe will zum Handschuhfach, da gellt ein »STOPP!« durch die Luft. Reflexartig frieren wir ein. Die anderen wissen sofort Bescheid, ich sehe: Der Oberzöllner nähert sich im Stechschritt der rotgelbgrünen Nationalflagge, salutiert, holt sie ein, weicht ergriffen zurück. Der Akt hat Folgen: Dienstschluss, die Grenze ist geschlossen. Joe und André haben Pech. Sie werden die Nacht im Führerhaus versitzen. Ich habe Glück, das letzte Motorradtaxi mit dem jungen Buchumi nimmt mich mit.

Auf einer flitzigen Honda zurück nach Butare, dem nächsten Ort. Mein Schlafplatz, da ich als »unauthorized person« nicht im Grenzgebiet übernachten darf. Kein Grund, sich zu beschweren, denn fünfunddreißig Kilometer lang ist Zeit, die Welt zu bewundern: Die rote Sonne, die den Abendnebel wärmt, die galoppierende Kuh, die quer laufende Ziege, die wilde Sau, die zehn

Meter mit uns um die Wette wetzt. Elfenstunde, ein Panorama, wie aus einer E.T.A.-Hoffmann-Geschichte. »Afrika«, schrieb André Gide einmal, »ist wie ein Eisenbahnunglück. Es ist unbeschreiblich. Man muss es erleben.«

Um 5.50 Uhr klopft Buchumi an mein Fenster, auf den 17-Jährigen ist Verlass. Wie auf die Sonne, die uns zurückbegleitet. Wir sind rechtzeitig zur Stelle, um den morgendlichen Staatsakt nicht zu versäumen. Jetzt wandert die Flagge wieder nach oben. Stechschritt, Brust heraus, Kasperltheater. Hinterher leichtgängiger Grenzverkehr. Trotz der Tragödien, die beide Länder – Ruanda und Burundi – miteinander verbindet. Der nächste Völkermord ist nie fern.

Heute ist Sonntag. Joe und André leuchten. Trotz der unbequemen Nacht. Sie wollen nach Hause. Die Witze häufen sich, die Reden vom Liebemachen hören nicht auf. Schöne Blicke auf das Land und die Frauen, die sich auf den Weg zur Kirche machen. In Kanjanza lebt Andrés Schwester. Ihr Bruder besitzt ein warmes Herz. Eine »Quartz-Luxury-Watch« hat er ihr mitgebracht. Teure dreißig Shilling musste er dafür in Nairobi hinterlegen.

Wir haben auch Zahltag. Nicht weit hinter der Grenze weiß Joe, dass der Kraftstoff nicht reichen wird. Er hat sich verrechnet. Geht es bergab, bleiben wir jetzt stehen, damit aus dem hinteren Tank der Diesel nach vorn fließen kann. Das reicht für fünfzehn Kilometer. Bis der Saft bei der nächsten Steigung wieder zurückläuft. Dreimal wiederholen wir die Prozedur.

Beim vierten Stopp entfernt André das Verbindungsrohr zwischen den beiden Tanks, saugt hinten alles heraus und prustet es vorne wieder hinein. Oben auf dem heißen Dach gackern unsere Uganda-Hennen. Sie schwitzen, haben Durst, haben Hunger, äußern schwerwiegende Unlustgefühle. In Bukeye wollen wir Treibstoff kaufen, aber das geht nicht, weil wir keine Burundi-Francs besitzen und mit den US-Dollar keiner was anfangen kann. Kommt uns ein Diesellaster entgegen, springt Joe aus dem Wagen und bittet um Hilfe. Vergebens, da alle äußerst knapp kalkulieren. Unsere nächtlichen Geschäfte in Ruanda kosten uns jetzt einen halben Tag. Bis zwei tansanische Trucker auftauchen, Freunde Joes, die großzügig dreißig Liter abzapfen. Und feinen Bhangi aus Daressalam, würziges, sauberes Marihuana. Shaban, der Turnboy überlässt uns noch ein Büschel Miraa. Sieht aus wie Petersilie und wirkt wie ein Speedy. Hineinbeißen und kauen, um wach zu bleiben. Ein Popper für Fahrer.

Alles das hat Joe nicht mehr nötig. Die letzten hundert Minuten schafft er ohne jedes Aufputschmittel. Träume und Fantasien beflügeln jetzt viel inniger als jede Droge. Um 17.12 Uhr biegen wir um eine Linkskurve, und Joe nickt nur mit dem Kopf. Dort unten liegt das heiße Bujumbura, nur noch lächerliche drei Kilometer entfernt. Fahrer und Beifahrer demonstrieren Stil, der Laster kommt zum Stehen, André rennt nach Bier, wir drei spüren eine idiotische Freude. Und wie Joe denke ich an Zahara, denke, dass er sie verdient hat, diese brave, kugelrunde Frau und ihre einfache, strapazierfähige Liebe. Nach einundvierzig Polizeikontrollen, nach tausendundeinem Schlagloch, drei Reifenplatten und sechs Zollschranken, nach neunundneunzig Lügen und Notlügen, nach ein paar Dutzend Schmiergeldaffären und Schwarzgeschäften, nach so oft Rasen und ebenso oft Versöhnen, nach so viel Angsthaben und Angstverlieren wird sie jetzt auf ihn warten. Und sie wird ihn waschen und lieben, nähren und behüten. Joe is back home. ■

TZA 9819
POISON

UNTERWEGS IN NAIROBI

Nairobi war oftmals Start- oder Schlusspunkt meiner Afrikareisen. Das hing mit der zentralen Lage Nairobis in Ostafrika wie auch mit den guten Flugverbindungen nach Europa zusammen. Es hatte aber auch damit zu tun, dass ich die Stadt mochte. Sie war nicht so heiß wie Bamako in Mali, nicht so chaotisch wie das tansanische Daressalam, aber auch nicht so langweilig wie Windhoek.
An einem einzigen Nachmittag kann man völlig unterschiedliche Seiten der Stadt erleben. Wir hatten den Sonntagmittag im Nairobi Nationalpark verbracht und vor der Skyline der Stadt Giraffen vorüberziehen sehen. Dann waren wir zum Race

Course gefahren, um uns nicht nur die Rennpferde, sondern auch die sehr britische Atmosphäre anzusehen. Von dort fuhren wir spätnachmittags keine zehn Minuten nach Mathare Valley, einem der vielen Slums Nairobis.

Wir sind mit Rose verabredet, die ich Tage zuvor auf einem Markt kennen gelernt habe. Die Mutter von fünf Kindern hat uns eingeladen, sie zu besuchen. Es dauert lange, bis wir uns zu ihrer Behausung aus Pappe und Wellblech durchgefragt haben. Die Innenwände hat sie mit Ausschnitten aus Illustrierten tapeziert – Bilder einer Welt, die sie sich erträumte, als sie zehn Jahre zuvor ihr Dorf am Victoriasee verließ und nach Nairobi ging. Zwischen den Zeitungsausschnitten hängt das Zeugnis ihrer Tochter, die sie trotz bester Zensuren von der Schule nehmen musste. Konnte sie das Geld für die Schuluniform schon kaum aufbringen, wurde auch noch das Schulgeld verdoppelt. Das Mädchen hilft ihr nun beim Gemüseverkauf. Ihr ältester Sohn ist täglich mit Schubkarre und Schaufel auf Nairobis Straßen unterwegs, um in Eigenregie Schlaglöcher zu reparieren. Sein Freund hält den vorbeifahrenden Autofahrern ein Schild »Donate please« entgegen, das um eine Spende für die Bauarbeiten bittet.

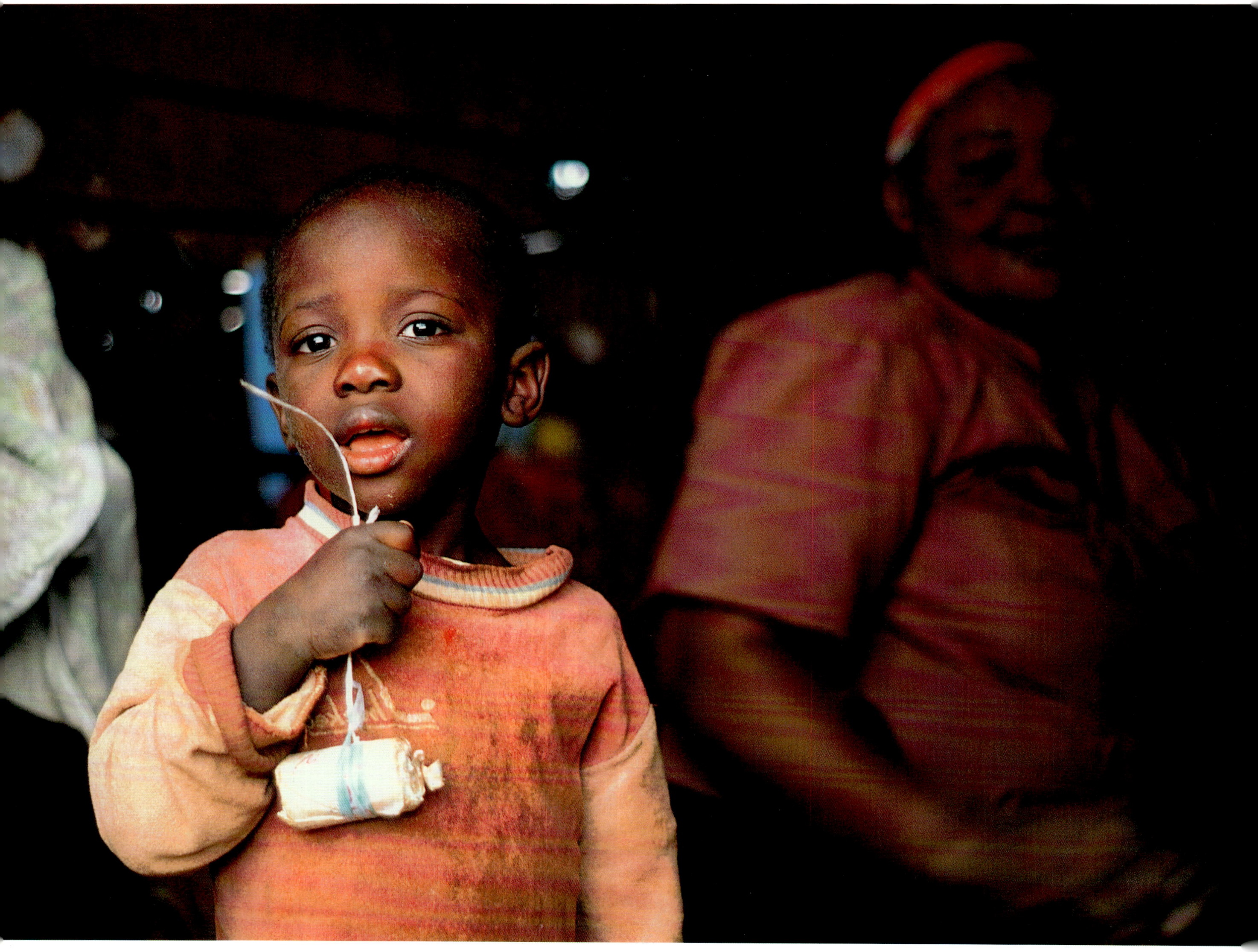

■ Man hatte uns gewarnt, einen Fuß in die Slums von Mathare Valley zu setzen. Gefahr für unser Leben oder zumindest ein Raubüberfall seien garantiert. Und jetzt sitzen wir bei Josephine in ihrem Zimmer und reden mit ihr über Hoffnungen, die sie hatte, als sie vor Jahren ihr Dorf am Victoriasee verließ und in die Hauptstadt Nairobi ging. Die Lebensbedingungen sind hier jedoch viel schwieriger als auf dem Land. Dennoch lässt sie nichts unversucht, um für ihre Kinder bessere Zukunftsperspektiven zu finden.

NUCLEAR HARDW
STORE: FOR BUILDING
MATERIAL CEMENT REINFOR
PLUMBING MATERIAL ETC

■ »Nuclear Hard Ware Store« steht an dem halbfertigen Haus. Die Stimmung in den Straßen von Mathare Valley erinnert tatsächlich an einen Atomkrieg. Dabei ist es ein ganz normaler Abend in Nairobis größtem Slum. Arbeit Suchende kehren aus der Stadt in ihre Bretterbuden zurück und hoffen, am nächsten Tag mehr Glück zu haben und einen der schlecht bezahlten Tagelöhnerjobs zu ergattern.

■ In einem Geschäftsviertel von Nairobi warten die Leute auf einen der städtischen Omnibusse, der sie zu ihren Familien nach Hause bringen soll. Von ihrem Gehalt lebt oftmals mehr als ein Dutzend Familienmitglieder. Die Menschen, die an der Bushaltestelle warten, gehören der Mittelschicht an, die in Afrika meist recht klein ist. Gerade sie könnte aber dazu beitragen, die Länder Afrikas politisch, gesellschaftlich und wirtschaftlich zu stabilisieren.

DAWA YA MALARIA
INTACLOR
CHLOROQUIN TABLETS FOR FAST
RELIEF FROM MALARIA
THE BEST

■ An einer Haltestelle der großen Überlandbusse. Kinder strecken den von der langen Busfahrt erschöpften Passagieren Bananen, Holzkämme und geschälte Orangen entgegen. Die Kinder arbeiten auf eigene Rechnung. Das eingenommene Geld liefern sie abends bei ihren Familien ab. Ein solcher Klein-

handel, kleine Dienstleistungen, Handwerk und Tagelöhnerjobs ermöglichen es, in den Großstädten zu überleben. Man schätzt, dass zwei Drittel der städtischen Bevölkerung im so genannten informellen Sektor arbeiten und hier bis zu achtzig Prozent des Bruttosozialprodukts erwirtschaftet werden.

KENIA

DIE BIBLIOTHEK DER KAMELE

Unser Bus trägt den sinnigen Namen Endangered Species: bedrohte Art. Neben dem Fahrer hocken vier bewaffnete Polizisten, ihre schweren G3-Gewehre zwischen den Knien. Auf der Strecke von Nairobi in den Osten Kenias lauern Banditen. Jeder im Bus ist bedroht. Was niemanden beeindruckt. Afrikaner sind zu oft gefährdet, um jedes Mal Zeit zu haben, sich zu sorgen. Ich sitze neben dem alten Samuel, irgendwann frage ich ihn, was der Mensch zum Leben braucht. Und Samuel sagt die vier weisen Worte: »Nahrung, Obdach, Sex und Geschichten.«

Sieben Stunden später kommen wir nach Garissa, Wüstenei und Hauptstadt der North Eastern Province, des östlichsten Teils des Landes. Die gleichmäßig verteilten Abfallberge in den Straßen erinnern an eine Formel-1-Piste: Misthaufen als Sicherheitspolster. Damit kein Kutscher auf seinem Eselsgespann aus der Kurve fliegt.

Entlang der Miraa Street verkaufen sie sackweise Miraa. Jenes beschwingende Grünzeug, das sie ein Leben lang kauen. Um nicht todmüde umzufallen unter einer barbarischen Sonne.

Montagmorgen, 7.30 Uhr, stehen wir im Hof der städtischen Bücherei. Das ist ein heiliger Ort, denn hier brach vor sechs Jahren ein Wunder aus. Ein Wunder, das mit Geschichten zu tun hat. Die der Mensch braucht. So dringlich wie Sattwerden, wie Wohnen, wie Liebemachen. Eben lesen, Zusammenhänge sehen, am Leben anderer teilnehmen.

Zugegeben: Während in der Ersten Welt rasant nach einem Chip gesucht wird, der die Encyclopedia Britannica in einer Sekunde – statt in eineinhalb – auf ein »e-book« herunterlädt, hinkt das Wunder von Garissa leicht hinterher: keine Chips, dafür Kamele. Keine elektronischen Bücher, dafür »p-books«, Papierbücher. Keine Lichtgeschwindigkeit, dafür acht Kilometer pro Stunde: Von diesem Hof aus zog am 14. Oktober 1996 die erste Kamelkarawane in den Busch. Mit vier Bücherkisten und einem Zelt auf dem Rücken. Damit auch die eine Chance erhielten, die noch nie ein leibhaftiges Buch zu Gesicht bekommen hatten.

Ein Montagmorgen wie viele andere in Garissa. Joseph, der erste Bibliothekar, schichtet je 125

Bände in die Boxen. Wie jedem, der Bücher und Bücherlesen liebt, sieht man ihm das sinnliche Vergnügen beim Berühren von bedrucktem Papier an. Joe sagt grinsend: »Die reine Freude.«

Draußen wirtschaftet Khalif, der Kamel-Flüsterer. Er kennt die drei Dromedare besser als seine drei Kinder. Mit kurzen Handbewegungen und zärtlichem Flüstern zwingt er die Tiere in die Knie, legt je eine schützende Strohmatte auf den Höcker, befestigt mit Alex und Hirsi, den beiden Assistenten, die jetzt zentnerschweren Kisten, verzurrt auf dem dritten Höcker die Zeltplanen. Sie dienen als Dach, um am Zielort dem Hitzetod zu entgehen.

Kurz nach neun Uhr geht es los. Vor Tagen stellte ein Leserbrief in einer Zeitung die Frage, ob sich mehr Gangster in Nairobi oder in Garissa herumtreiben. Wo auch immer, tagsüber ist das 200 000 Einwohner große Kaff friedlich und betriebsam. Marabus und Kühe schlendern durch die Straßen, Ex-Polizist Sigei bezieht mit seiner Flinte vor der Commercial Bank seinen Posten, Kinder und Erwachsene gaffen noch immer, wenn die Kamele vorbeiziehen. Nicht die Tiere sind die Sensation, nein, die schaukelnden Bücher. Jeder Dritte in diesem Land kann nicht lesen. Ich will mir einbilden, dass in den Gesichtern der Jungen was Sehnsüchtiges steht. Als ahnten sie, dass Lesenkönnen ein Glück ist und Bücherlesen reich macht im Kopf.

Raus aus der Stadt, über den Tana River, vorbei am einzigen Wasserhahn der Stadt, aus dem Trinkwasser sprudelt. Dahinter führt der Trampelpfad ins tiefste Afrika. Seit Jahren haben sie hier nur Unglück: Dürre, dann die El-Niño-Fluten, wieder Dürre. Und immer herrschen die Spielregeln des Raubrittertums: Nomadenclans, die sich gegenseitig das Vieh und das Leben rauben.

Wir wandern durch winzige Dörfer, Frauen und Männer kommmen uns entgegen, den Buckel krumm von einer Ladung Mais, einem Korb Fische, einem Kanister Kamelmilch. Alles taugt, um auf dem Markt von Garissa ein paar Shilling zu verdienen. Einer trägt würdig seine verbeulte Winchester, er sagt tatsächlich: »Ich sorge für Ruhe und Ordnung.«

Die meisten Nomaden sind müde geworden, scheinen erschöpft von den Katastrophen und

dem Gemetzel um Weideland. Viele versuchen sich jetzt als Farmer.

Joseph erzählt von einem erstaunlichen Bewusstseinswandel: Die Eltern – beraubt nun so vieler materieller Güter – hätten erkannt, dass ihre Kinder eine andere Zukunft verdienten. Eben kein Dasein als tumbe Kuhhirten, sondern als zukünftige Erwachsene, die zurechtkommen in einer modernen Welt, sprich tausendmal: lesen und schreiben lernen, lernen müssen.

Wo immer wir durchziehen, begrüßt ein aufmunterndes Lächeln die Bücherkarawane. Als wäre sie ein Leuchtzeichen in eine andere Zeit. Khalif weiß die mitreißende Geschichte eines Überfalls zweier Männer, die mit der AK-47 im Anschlag eine Schule in der Provinz überfielen und – mehr gab's nicht – zwei Atlanten und vier Mathematikbücher einsackten. Gebundenes Papier mit Wissen beschriftet, das ist ein kostbares Gut in Kenia.

Kurz vor elf erreichen wir den Zielort, Maramtu. Kral mit ein paar runden Hütten aus Gras und Pappe, zum Wohnen. Und drei viereckigen Gebäuden aus Lehm, zum Lernen. Hier sitzen 161 Schüler im Sand oder auf Bänken, die aussehen wie frisch vom Sperrmüll. Aber heute ist Montag, heute kommen die Kamele.

Wir brauchen kein Zelt, die große Akazie spendet genug Schatten. Also die Kisten abladen, die Matten hinlegen, die Bücher ausbreiten. Ergreifende Szene: Joseph gibt das Startzeichen, und Rektor Samy entlässt die Kleinsten. Und die stürmen Richtung Baum und Bücher, wetzen, als wartete ein Festessen. Doch Hirsi und Alex müssen die Hungrigen zurückdrängen. Erst den zuletzt ausgeliehenen Band abgeben, erst danach dürfen sich alle hinknien und wühlen. Die meisten Bücher sind in Englisch verfasst, ein Teil in Suaheli.

Für jede Sehnsucht gibt es was zum Schmökern: Ein Bilderbuch berichtet vom lustigen Elefanten Swimy, der Olympiasieger wird. Ein nächstes erzählt vom Mut des David gegen Goliath. Und die Brothers Grimm, die Gebrüder Grimm, werden auch im hintersten Kenia gelesen. Die kleine Aisha fischt nach dem »Brave little tailor«, dem tapferen Schneiderlein.

Mit afrikanischer Geduld steht Joseph – wir haben inzwischen 35 Grad Außentemperatur – den Kindern zur Verfügung, erklärt ein fremdes Wort, liest an, liest weiter, verkauft mit zäher Zuneigung seine Liebe zu Buchstaben und Storys. Er zitiert den ätzenden Satz von Mark Twain: »Den Unterschied zwischen denen, die lesen können, aber nicht lesen und jenen, die nicht lesen, weil sie es nicht können, diesen Unterschied gibt es nicht.«

Für den hiesigen Alltag übersetzt: Es reicht nicht, den Kindern die Kunst des Lesens beizubringen. Wichtiger noch: ihnen die lebenslängliche Freude daran einzutrichtern. Auf dass Erkenntnislust und Weltwachheit nicht aufhören. Auf dass ein Buch zur Hand nehmen nicht zur Mühsal wird, sondern ein Verlangen. Auf dass Afrika nicht absäuft in Blut und Ignoranz, sondern teilhat an jenem Fortschritt, der heilt und bereichert.

Nach den Siebenjährigen kommen die älteren Schüler. Für sie hat Joseph anderes Material eingepackt. Neben Romanen auch Konkretes, Populärwissenschaftliches: »Erhitzt sich unsere Erde?« oder »Beruf des Maurers« oder »Wie unseren Wald retten?« Und: »A wasted future«, eine vertane Zukunft. Dieses Buch gehört zum Aids-»Aufklärungsprogramm« der Regierung. Die Heldin des Büchleins ist die hübsche, fleißige Schülerin Gina, deren Leben zerbricht, als der Vater die Familie verlässt. Gina hört auf zu studieren, muss Geld verdienen, wird Barmädchen, wird Hure, wird Opfer der Seuche.

Samy, den Rektor, plagt eine andere Pest, die Pest der Armut. Wie alle Rektoren kommt er zu Joseph, um zu betteln und zu fordern. Ohne geladene Kalaschnikow, aber inständig und penetrant. Bücher, Schulbücher will er, in manchen Klassen teilen sich zehn Schüler ein Nachschlagwerk. Also rückt der Bibliothekar ein paar Exemplare von »Allgemeine Fehler beim Einmaleins« und »Erdkunde für alle« heraus. Das ist ein halber Tropfen auf einen glühend heißen Stein. Denn morgen wird ein anderer Rektor wimmern und flehen. Und wieder nicht mehr davontragen als ein großzügiges Almosen.

Bemerkenswert: Der nationale Bibliotheksverband, der diese kulturellen Ausritte in verschiedene Dörfer der North Eastern Province finanziert, will Wissen und Sprache verbreiten. Er missbraucht die Kamele nicht als Vehikel für ideologische oder spirituelle Indoktrination. Joseph verteilt weder die Sonntagsreden des aktuellen Regimes noch christliche Fibeln, die vom Leben nach dem Tod schwadronieren. Was angeboten wird, ist entweder intelligent unterhaltsam oder todernst konkret: Vom jetzigen Leben reden die Bücher. Und von den Möglichkeiten, wie dieses eine, so bedrohte Leben, beschützt werden kann. Das von Gina, das der Bäume, das von all denen, die nie lernen und wissen dürfen.

Mittag, die Kinder bekommen eine Handvoll Mais und Linsen. Spendiert vom World Food Program. Die Köchin, die das täglich gleiche

Essen in einem Bottich über offenem Feuer zubereitet, erhält ihre paar Shilling von den Eltern der Schüler. Aber heute ist ein besonderer Tag. Wir haben ein paar Kilo Hefte und Stifte mitgebracht. Und alle, auch die Mädchen, sind bereit, dafür um die Wette zu laufen und ein paar Runden Basketball zu spielen.

Und wir rennen und spielen. Und als ich den wendigen Francis die aus Putzlappen zusammengeschnürte Kugel in einen Drahtverhau, den Korb, werfen sehe, kommen mir zwei Gedanken: dass Francis gerade einen Stift gewonnen hat und dass der einst weltbeste Gummiballwerfer Michael Jordan 219 000 Dollar verdiente. Pro Tag.

Nachmittags geht die Schule weiter, nur die Jüngsten haben frei. Und sie kommen zurück zu dem Baum mit den vielen Büchern. Die morgentliche Frenesie, die Furcht, zu kurz zu kommen, haben sich gelegt. Es wird still, alle schauen und lesen. Rektor Samy erwähnt, dass es augenblicklich vierzig Grad habe. Das ist die Temperatur, bei der Kamele zu schwitzen anfangen. Ich werfe einen Blick auf den Fotografen und denke, dass sich weiße Menschen unter einer solchen Hitzekeule aufs Sterben vorbereiten.

Mich rettet der clevere Ali, er hat die »Antartic's Superlatives« aufgestöbert, ich soll ihm daraus vorlesen. Und wir erfahren, dass der erste Mensch am Südpol, der Norweger Roald Amundsen, sich ein Leben lang mit frostkalten Duschen auf die Expedition vorbereitet hat. Und dass am 21. Juli 1983 im russischen Vostok die kälteste Kälte aller Zeiten gemessen wurde: sibirieneisige 89 Grad minus. Wir müssen lachen, Ali schwitzend, ich schweißgebadet.

Um 15.30 Uhr gibt Joseph das Signal zum Abmarsch. Vor Einbruch der Dunkelheit muss die Karawane zurück sein. Aus Sicherheitsgründen. Zu nahe liegt die Grenze zu Somalia, zu viele Strauchdiebe aus dem bürgerkriegskaputten Land schwirren hier nachts durch die Gegend. Joseph füllt den Mobile Unit Accounting Sheet, den täglichen Rechenschaftsbericht aus, notiert, wie viele Bücher zurückgegeben und wie viele ausgeliehen wurden, trägt säuberlich ein, dass drei Kamele, vier Boxen, ein Sonnenschirm, ein Stempel und ein Stempelkissen unterwegs waren.

Khalif holt die Tiere aus dem Schatten, zwei maulen, wollen nicht zurück in die Sonne. Khalif flüstert, und sie hören hin, lassen sich einmal mehr befrachten. Rektor Samy und die Kinder winken, ein langer und gemeiner Weg – länger und gemeiner als um neun Uhr früh – liegt vor uns.

Bewundernswerte Männer, die vier Mal die Woche an Hyänen, Schlangen und Tsetsefliegen vorbei Bücherkisten in ferne Dörfer schaffen. Morgen geht es nach Bulla Nasib, morgen muss auch das 64-teilige Zelt aufgestellt werden. Weil nirgends ein rettender Baum steht.

Keine siebentausend Shilling, keine zweihundert Mark kassiert Joseph, der Bestverdienende, dafür pro Monat. Aber der Mann ist eben Liebhaber, Buch-Liebhaber. Einer, der begriffen hat, dass Afrika nur von Afrikanern gerettet werden kann. Im Schutz eines Kamelrückens schreibt er mir ein kenianisches Sprichwort auf: »Nicht wissen ist schlecht. Nicht wissen wollen, ist eine Katastrophe.«

Als wir uns Garissa nähern, hört man schon von weitem das Schnalzen der Peitschen. Es kommt aus den duks, den ärmlichen Klassenzimmern, in denen mit trostlosem Stumpfsinn den Achtjährigen der Koran – in Arabisch – eingebläut wird. Das Stumpfsinnige: dass die Kinder nicht zehn Worte dieser Sprache sprechen. Noch trostloser: dass ihnen keiner die Möglichkeit verschafft, sie zu lernen. Nein, nur schnalzen und blöken.

Ich tröste mich mit meinem Lieblingsbild im Kopf. Es entstand am frühen Nachmittag in Maramtu, unter der großen Akazie. Ein halbes Dutzend Kinder saß im Kreis um die Bücher, Moslem-Kinder und katholische Kinder, saßen und staunten, blätterten und lasen, blätterten in einem anderen Buch, lasen beim Nachbarn mit, dachten und hoben versonnen den Blick, begriffen wohl auf irgendeine Weise, dass Bücher in die Welt entführen und dass es kein ähnliches Glück gibt wie denken und begreifen und fantasieren dürfen. ■

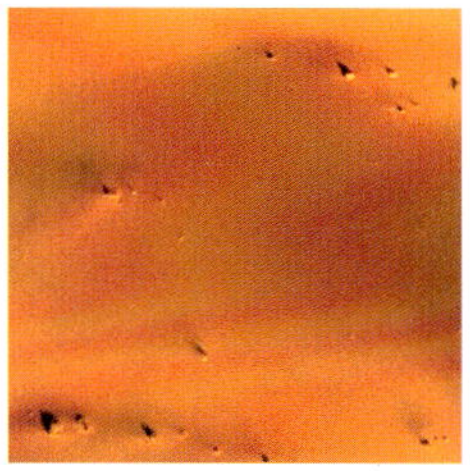

UNTERWEGS IN SANSIBAR

Mittagszeit in Stone Town auf Sansibar. Die Hitze hat selbst die schattigen Gassen leer gefegt, sodass ich niemanden nach dem richtigen Weg aus dem Labyrinth fragen kann. In einer besonders engen Gasse stoße ich auf eine Werkstatt, voll gestopft mit alten Vespas. Yussuf, der Werkstattbesitzer, hat mich schon entdeckt und bietet mir an, eine seiner Vespas für ein paar Tage auszuleihen. Ich suche mir den scheinbar besten Roller aus. Yussuf bittet um etwas Geduld und zerlegt kurzerhand die Gangschaltung, während sein Sohn in alten Konserven-

büchsen Benzin heranschleppt. Eine Stunde später habe ich meinen Rucksack herbeigeholt, die Vespa scheint startklar. Mit den besten Wünschen von Yussuf folge ich seinem Sohn, der mich auf dem Fahrrad aus dem Gassengewirr von Stone Town herausführt. Endlich lichtet sich die Stadt, schon bald holpere ich auf einer miserablen Piste durch Palmenwälder zur Ostküste von Sansibar.

Die Insel Sansibar liegt vor der Küste Tansanias und war bis in das 19. Jahrhundert hinein einer der wichtigsten Umschlagplätze für Sklaven aus Zentral- und Ostafrika. Auf den Sklavenmärkten der Insel fanden Entdecker wie Stanley ihre Mannschaften für die Expeditionen in das Innere Afrikas. Sansibars Bedeutung beruht aber auch auf dem Anbau von Gewürzen, welche Dhaus nach Arabien und Indien transportieren. Stone Town, die Hauptstadt der Insel, zählt zu den größten architektonischen Schätzen Afrikas und wurde von der UNESCO zum Weltkulturerbe erklärt. Einzelne Renovierungsmaßnahmen können den Zerfall von Stone Town aber auf Dauer nicht aufhalten.

■ Fischfang ist oft die einzige Einnahmequelle eines Dorfs. Während die Männer mit ihren Dhaus hinaussegeln, manchmal nur für einen Tag, manchmal für mehrere Wochen, arbeiten die Frauen auf den klein parzellierten Feldern. Wenn die Männer wohlbehalten zurückkehren, danken sie Allah für ihren Schutz und den Reichtum des Meeres.

■ Entspannung suchen Menschen in allen Kulturen, um den Alltag mit seinen Mühen hinter sich zu lassen. Am Strand von Stone Town finden sich jeden Abend Hunderte von Jugendlichen ein, um alle möglichen Arten Sport zu betreiben.

■ Das Meer, der Wind und die Dhaus haben sich durch die Jahrhunderte wenig verändert und prägen noch heute das Leben der Menschen auf Sansibar. Zuverlässig trägt der Passatwind zweimal im Jahr Regenzeiten heran, welche die Insel mit ausreichenden Niederschlägen versorgen.

■ Die Häuser von Sansibar sind hochbetagt, im Durchschnitt gut hundert Jahre alt und auf ständige Pflege angewiesen. Die Mauern benötigen wegen der schwülfeuchten Meeresluft zumindest alle zwei Jahre einen neuen Kalkanstrich, die kunstvollen Holzbalkone ebenso oft eine neue Lasur. Wegen der Nähe zum Äquator wird es auf Sansibar früh und schnell dunkel, sodass vor den Häusern bald Stille einkehrt und das Leben sich in die Innenhöfe verlagert.

NIGERIA

EINEM RIESEN ENTKOMMEN

Afrika ist launisch. Einst, so notierte ein früherer Reisender, ging es an diesem Grenzübergang »casual and friendly« zu. Aber nachlässig und freundlich waren sie vielleicht vorgestern. Als ein anderer Weißer hier ankam und an nigerianischen Zollbeamten vorbeimusste. Vielleicht ist übermorgen wieder alles wie einst. You never know. Als ich meinen Pass herausziehe, sind sie gerade pedantisch und boshaft.

So wie dieser Checkpoint zwischen Benin und Nigeria brodelt, so könnte es hinter einer der Pforten der Hölle brodeln. Der amerikanische Bürgerrechtskämpfer Jesse Jackson beschrieb die Situation in diesem Land trefflich und sarkastisch: »Kommt es hier zu einem Bürgerkrieg, dann war das, was in Ruanda stattfand, eine Gartenparty.«

Ein riesiges Areal, mittendrin steht das Zollgebäude, umzingelt von Lastwagen und Autos. Ein paar Hundert Motoren laufen, die dreckige Erde, der dreckige Himmel. Das Geschrei der Fahrer und das Gebrüll von feisten Weibern und feisten Kerlen in Uniform, die mit Schlagstöcken und Pistolen bewaffnet nach Beute suchen. Jeder, der raus oder rein will, muss zahlen. Ganz gleich, ob seine Papiere in Ordnung sind oder nicht. Zahltag ist immer. Als sie mich entdecken, huscht ein Lächeln über ihre gierigen Gesichter. »Come«, sagen sie, und ich weiß, was es geschlagen hat.

Sieben Mal habe ich Glück. Komme mit der Übergabe eines Geldscheins davon, kann jedem eine Narbe am linken Unterarm vorzeigen und jeden mit dramatischem Tonfall von der Lügengeschichte überzeugen, dass mir nach drei Überfällen in Afrika nichts mehr blieb. Nur noch der Weg zur deutschen Botschaft, um einen Kredit aufzunehmen für ein Flugticket nach Deutschland. Bis Sergeant Chinua ein Auge auf mich wirft. »Come«, sagt auch er. Aber diesmal gehen wir nicht hinter einen nächsten Laster, sondern zurück zur Hauptbaracke, wo er mich in einen kleinen Raum führt. Und ihn sorgfältig versperrt. Wir sind allein, mühselig beherrscht züngelt er: »Deklarieren Sie Ihr gesamtes Geld, bevor ich Sie durchsuche. Finde ich etwas, werde ich es behalten.«

Ein gewiefter Bursche. Jeden Ausweg hat er verstopft. Er weiß genau, dass eine offizielle, »ehrliche« Devisenerklärung den finanziellen Ruin bedeuten würde. Weil sich hier jeder sofort an Geld vergreift, sobald er davon erfährt. Auch wissen wir, dass er alle meine Reserven finden wird. Und wären sie noch so clever versteckt. In diesem Zimmer hat er die Zeit und die Geduld, um die gesamte Beute ausfindig zu machen. So spiele ich den Einsichtigen und öffne ohne zu zögern nur eines der zwei in die Hose eingenähten Geheimfächer. Er soll glauben, das wäre alles. Das funktioniert unheimlicherweise, hypnotisiert starrt er auf das herausgezogene Bündel.

Seine Raffsucht macht ihn blöd. Ein sagenhaftes Glück beschützt mich. Der Packen besteht aus französischen, deutschen und amerikanischen Scheinen. Die fünfundvierzig Dollar konfisziert er sofort, die kennt er, die bringen am meisten auf dem Schwarzmarkt. Die 7000 Francs – das wären über 2000 DM – kennt er nicht, hält sie für dubioses, wertloses money, rührt sie nicht an. Und bei den Deutschmark – zwölf schwere Blaue – kann ich ihn mit einem Hunderter abspeisen. Den er eher zögerlich an sich nimmt, lüge ich doch die Story vom billigen Kommunistengeld aus der einstigen DDR, völlig wertlos in Afrika. Ich darf mich anziehen, das zweite Geheimfach bleibt geheim.

Vor der Tür wartet ein nächster Ganove auf mich, will mich zurückdrängen in die stickige Bude, um seinen Anteil nicht zu versäumen. Aber Chinua, offenbar sein Vorgesetzter, nickt ihm kurz zu, Subtext: »Lass ihn, ich habe ihn soeben geschröpft.« Die nächsten dreißig Meter zu meinem Rucksack bringe ich störungsfrei hinter mich. Danach sind es noch fünfundneuzig Kilometer nach Lagos, der Business-Hauptstadt. An die will ich mich erinnern bis ans Ende meiner Tage.

Als ich das Sammeltaxi erreiche, sind die dreißig Meter Freiheit zu Ende. Die ersten drei von dreihundert paramilitärischen Strauchdieben stehen im Weg und fordern: »Show us your money declaration.« Dann filzen sie mein Gepäck, ziehen jedes Teil heraus, blicken in Zahnpastatuben, blättern jedes Blatt um, vermuten hinter jeder Seite eine Dollarnote. Dass einer freiwillig ihr Land betritt, klingt in ihren Ohren aberwitzig absurd. Wütend bellen sie: »You must have a mission. Tell us, what is your mission.« Da kein Corps-

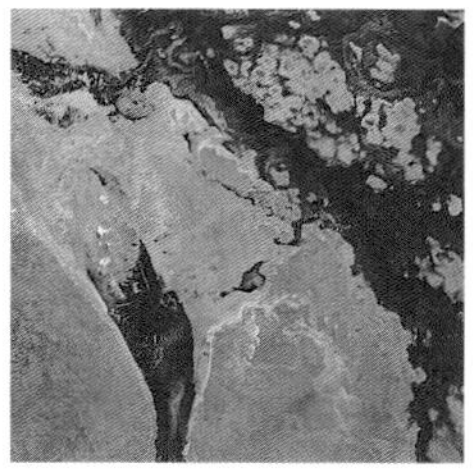

Diplomatique-Kennzeichen über der Stoßstange des ramponierten Peugeots klebt, bleibt nur ein Rückschluss: Der Mann will spionieren.

Irgendwann – nach Begleichung des Wegegelds – geben sie die Straße frei. Damit uns zwanzig Sekunden später die nächsten Söldner abbremsen. Die Narretei wiederholt sich: »Get out, white man! Follow me!« Und ich muss die Böschung hinunter in eine schäbige Hütte. Wieder die Wäsche auf den Boden werfen, wieder der bedrohliche Ruf nach Devisenerklärung und Schmiergeld.

Das sadistische Spiel spielen wir achtunddreißig Mal entlang des vierspurigen Highway. Mit Variationen und Höhepunkten. Einer lässt mich tatsächlich laufen. Ohne Entschädigung. Unser kurzer Wortwechsel erinnert an einen Dialog aus dem Irrenhaus:

– Wer stahl Ihr Geld?

– Ein Zöllner.

– Wo?

– Hier an der Grenze.

– Hier an der Grenze? Unglaublich, wir müssen den Mann sofort unschädlich machen.

Einer pfändet meinen Pass, erklärt mein Visum von der nigerianschen Botschaft in Lomé für ungesetzlich, verhaftet mich kurzfristig. Dass ich um keine Einreiseerlaubnis in Deutschland bat, ist »äußerst verdächtig«. Es kommt noch schwachsinniger. Er entdeckt die beiden Wörter »single journey« im Visum. »Einmal einreisen? Also kannst du nur nach Lagos fahren und musst heute noch das Land verlassen! Aber heute fliegt kein Flugzeug mehr, also bist du schon illegal.«

Wie erfreulich, dass Geistesschwäche und Illegalität in dem Augenblick aufhören, in dem ich finanziell nachlege. Und nachlege und nachlege. So lange spende, bis der Wegelagerer meinen Aufenthalt für gesetzlich erklärt.

Einer findet meinen Plastikumhang. Weil es in genau diesem Moment nicht regnet, ist ein Regenmantel höchst dubios. Nur Leute »mit einer Mission besitzen ein solches Kleidungsstück«. Polizeiwagen mit der Aufschrift »Anti-Crime-Patrol« fahren an uns vorbei. Die Wirklichkeit ist dreimal irrsinniger als jede Erfindung.

Einige strecken ihre alkoholblauen Visagen durchs rechte Wagenfenster und deponieren die Spitze ihrer Secondhand-Karabiner irgendwo in der Nähe meiner Nasenlöcher. Sie hätten gern gewusst, ob ich nicht ein paar »Geschenke« an sie verteilen möchte. Wer möchte da nicht.

Einmal gehen mir die schon vor dem Grenzübergang getauschten Naira-Scheine aus, die Landeswährung. Ich greife zwischen zwei Barrikaden in die verborgenen Schlupfwinkel der Hose, um

Nachschub zu holen. Zu spät jedoch, um den Rest wieder rechtzeitig zu verstauen. Während der nächsten Kontrolle schwitzt mein Vermögen in meiner linken Hand. Das Herz, denke ich, wird mich verraten, so rekordsüchtig hämmert es los. Doch keiner hört hin, wir passieren.

Was den Stress nicht mindert, ist Frédérique, der giftige Taxifahrer aus Benin. Wegen mir, so schreit er zu Recht, kämen er und die sechs anderen – schwarzen – Passagiere nicht vom Fleck. (Die alle nur ein einziges Mal – bescheiden – zur Kasse gebeten wurden. Bei ihnen ist nichts zu holen.) Zweimal wirft er meinen Rucksack in den Straßengraben, droht, ohne mich weiterzufahren. Erst das hitzig zugeflüsterte Versprechen einer drastischen Nachzahlung bei Erreichen des Zielorts stimmt ihn um. Und der Alte schafft es. Manchmal erfolgt die Geldübergabe im fliegenden Wechsel. Ohne anzuhalten, werfe ich das Geld auf die Straße.

Manchmal gibt der Fahrer Gas, auch dann, wenn einem der Soldaten noch eine Schikane einfällt und er »white man, stop!« nachschreit. Als wir am frühen Nachmittag die Stadtgrenze von Lagos – »Jesus is fun« steht auf einem Poster – überfahren, sind wir ganz still vor Glück. Mir scheint, als reuten Frédérique seine Ausfälle. Wohl auch, weil die anderen Fahrgäste nie murrten, nie Druck auf mich ausübten. Sein »Merci« für den Nachschlag klingt wie eine leise Entschuldigung.

Als mein nach Schweiß und Nigeria stinkender Körper auf einem Hotelbett liegt, klopft jemand sacht an die Zimmertür. Es ist Rita, sie würde mich »gerne glücklich machen«. Wunderbares Afrika, wie rasch sich die Angst und das Glück abwechseln. ■

UNTERWEGS IN DER KALAHARI

Eine Coca-Cola-Flasche fällt aus einem Flugzeug, landet im Sand der Kalahari und wird dort von einem San gefunden. Dies ist die Ausgangssituation für den Kinofilm »Die Götter müssen verrückt sein«, der 1980 in der Kalahari gedreht wurde und inzwischen in vielen Ländern als Kultfilm gilt. Der Hauptdarsteller des Films, ein San namens Xixo, und die Mitspieler waren allesamt Laienschauspieler. Als ich den Film fünfzehn Jahre nach den Dreharbeiten sah, wollte ich wissen, was aus Xixo und seinen Leuten wohl geworden war. Ich machte mich auf die Suche nach ihm. Doch die Suche nach einem San in den Weiten der Kalahari gleicht der Suche nach der Nadel im Heuhaufen. Endlich bekam ich von einem befreundeten San den Hin-

weis, dass Xixo nun in Tsumkwe im Nordosten Namibias lebe. Dort ist es dann leicht, ihn in einer improvisierten Bar aufzuspüren. Ich erkenne Xixo sofort an seinem Lachen, wenngleich er schwer vom Alter und Alkohol gezeichnet ist, woran auch sein blütenweißes Nylonhemd und eine rotblaue Krawatte nichts ändern können. Mit den für die Sansprache typischen Klicklauten erzählt er meinem Dolmetscher und mir von den Dreharbeiten. Am meisten hat ihn eine anschließende Werbereise nach Japan begeistert. Vor allem die Erinnerung an die Wolkenkratzer von Tokio lässt ihn bis heute nicht los. In Tsumkwe und wahrscheinlich in der ganzen Kalahari gibt es kein Gebäude, das höher ist als zwei Stockwerke.

Die Kalahari hat eine Fläche von 800 000 qm und erstreckt sich über einen großen Teil von Botswana, den Osten Namibias und den äußersten Norden Südafrikas. Große Teile der Kalahari sind von Sand bedeckt, der vor allem im Südwesten lang gezogene, niedrige Dünenzüge formt. Das oftmals monotone Landschaftsbild wird von zahlreichen Salzpfannen durchbrochen, die während der sommerlichen Regenzeit teilweise unter Wasser stehen. Im Nordwesten ergießt sich der Okavango-Fluss, aus dem Hochland Angolas kommend, in den Sand der Kalahari. So ist dort ein so genanntes Binnendelta entstanden, das unzähligen Tierarten der afrikanischen Savanne Lebensraum bietet.

Die San, einst Jäger und Sammler, lebten ursprünglich im gesamten südlichen Afrika. Das Vordringen der Weißen, die Ausweitung des Ackerbaus einer wachsenden sesshaften Bevölkerung, die Einrichtung von Nationalparks, Industrialisierung und Urbanisierung schränkten ihren Lebensraum immer stärker ein. Scheu und abwartend zogen sich die San tief in die Kalahari zurück. Von den heute 65 000 San leben die meisten am Rande von Dörfern und Städten. Manche arbeiten als Tagelöhner auf den Farmen der Weißen. Die meisten sind hingegen völlig abhängig von Lebensmittelrationen der Regierung.

■ Die ersten Sonnenstrahlen wärmen den jungen San in Malopo, einer inzwischen geräumten San-Siedlung im Central Kalahari Game Reserve. Inmitten des riesigen Tierreservats lebten einige Hundert San jahrzehntelang unter relativ guten Bedingungen. Doch die Regierung Botswanas duldete im größten Tierschutzgebiet des Landes keine Bewohner und Haustiere. Gegen den erbitterten Widerstand der San und ihrer Unterstützer siedelte sie die Menschen in eine trostlose Siedlung außerhalb der Parkgrenzen um.

■ Die Kalahari, eine Halbwüste, erinnert in weiten Teilen eher an eine Savannenlandschaft, die von großflächigen, abflusslosen Salzpfannen durchsetzt wird. Am Rand der Makgadikgadi-Pfanne lebt diese Frau mit ihren beiden Kindern. Ein paar Rinder und ein wenig Ackerland sichern die Ernährung, ihr Mann arbeitet in den Diamantminen von Orapa. Diamanten und Rinderzucht stellen das wirtschaftliche Rückgrat Botswanas dar. Eine seit der Unabhängigkeit 1966 stabile Demokratie sorgt für eine gerechtere Verteilung der Staatseinnahmen als in den meisten anderen Ländern Afrikas.

■ Die Erschließung der Kalahari durch Teerstraßen, Tankstellen und Tiefbrunnen schreitet immer weiter voran und hat insbesondere Botswana sehr verändert. Wo in den 1980er-Jahren nur wenige miserable Sandpisten existierten, zieht sich heute das endlose Teerband des Transkalahari-Highways durch die monotone Landschaft. Der Highway soll den Warenaustausch zwischen Namibia, Botswana und Südafrika forcieren, die sich zu einer Zollunion zusammengeschlossen haben.

■ Kinder der San leben vollkommen anders als europäische oder amerikanische Schulkinder. Fast immer haben sie zahlreiche Geschwister, und die Älteren übernehmen Erziehungsaufgaben, die in westlichen Gesellschaften von den Eltern geleistet werden. Angesichts der schwierigen Lebensbedingungen wären die Mütter gar nicht in der Lage, allen Kindern ihre volle Aufmerksamkeit zu widmen, die daher immer nur der oder dem jeweils Jüngsten gehört. Heute bestreiten die meisten San ihren Lebensunterhalt nicht mehr durch Sammeln und Jagen, sodass die Kinder diese Techniken kaum noch lernen. Da viele aber auch nicht vom modernen Schulsystem erfasst werden, bleiben die San-Kinder oft ohne jegliche Ausbildung.

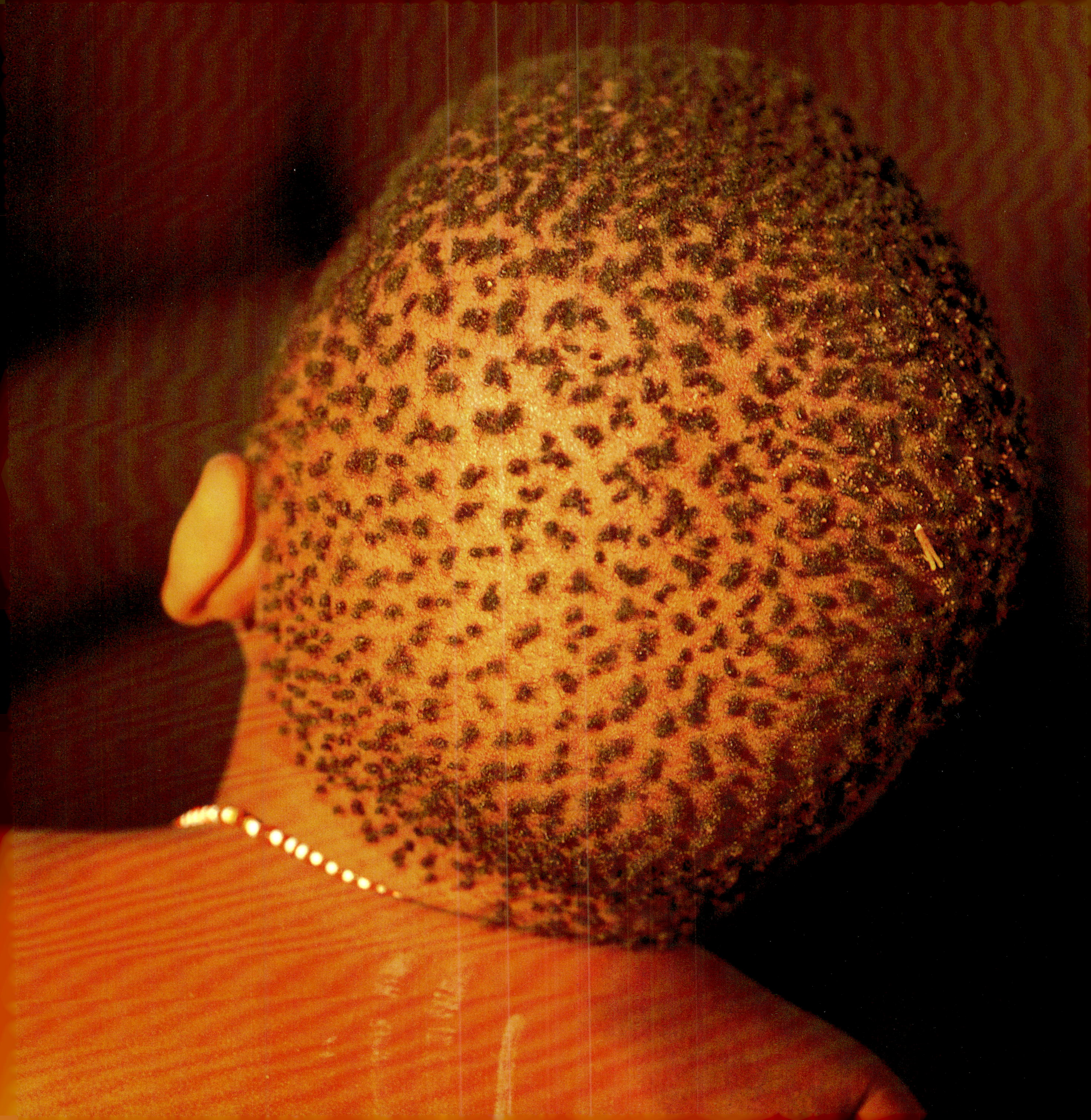

KONGO

AUF DEM GROSSEN FLUSS

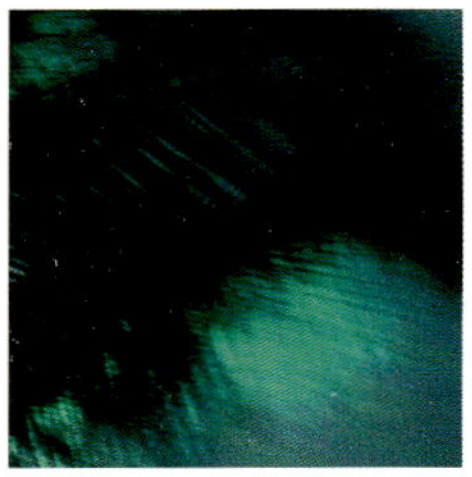

»Wir sind doch alle Brüder«, schreit er, »hört auf, hört auf damit.« Im Hintergrund dröhnt die Sirene des Schiffs, letztes Zeichen zur Abfahrt. Der friedliche Mensch hat keine Chance. Die schwarzen Brüder prügeln drauflos: Militärpolizei gegen eine Horde zornbebender Passagiere. Die zu spät kommen und das Hafentor stürmen, im Hagel der Gummiknüppel zum Quai rennen und an Bord springen. Mancher bleibt niedergeschlagen auf der Strecke, strauchelt, landet mit Wäschesack, Tierkäfig und Proviantkorb im Dreck. 17.19 Uhr, wir legen ab.

Schwieriger Anfang. Wir sind noch keine Viertelstunde unterwegs, da färbt sich der Abendhimmel schwarz und ein Sturmregen verhindert die Sicht. Von den Dächern der Beiboote hetzen Frauen und Männer nach unten, ihr Gepäck und die Matratzen bleiben zurück. Die beiden Suchscheinwerfer fallen aus. Oben auf der finsteren Brücke der Ebeya, des Hauptschiffs, gibt es kein Licht.

Vier der zwölf Fenster lassen sich nicht verschließen, eine rasante Zugluft schleudert zwei ausgeleierte Türen auf und zu. Augenblicke später steht der Holzboden unter Wasser. Durch die Wolken jagen zwei Kugelblitze, wie hell lodernde Zündschnüre fetzen sie über den Fluss. Drei Stunden später ist die Welt wieder still, der Kapitän sucht mit der Taschenlampe seine weggeschwemmten Pantoffeln, wir fahren weiter.

Über eintausendsiebenhundert Kilometer liegen vor uns, von der Hauptstadt Kinshasa bis zum fernen Kisangani im Osten des Landes. Sechs Wochen lang wurde die Abfahrt immer wieder verschoben. Maßlose Schlamperei und unaufhörliche Ausreden. Das Schiff bedeutet für viele die einzige Möglichkeit, in ihre Dörfer zurückzukehren, bedeutet Arbeit und Brot.

Mehr als viertausend wollten mit, knapp dreitausend haben es geschafft, für weniger als tausend Passagiere gibt es Platz. So ist es heute, so ist es immer. Kein Anlass zur Sorge. Das zerfranste Kartenmaterial auf der Brücke stammt aus dem Jahre 1915, und die Ebeya und ihre sechs Barken – durch Eisenseile stramm mit dem Mutterschiff verbunden – gelten als unsinkbar.

Kurz vor null Uhr gehen die ersten hundertfünfzig blinden Passagiere an Bord, herbeigeschafft im Schutze der Dunkelheit in schmalen, leisen Pirogen. Sind alle an Bord, wird es ruhig, man hört nur noch das schwere Keuchen der zwei 1500 PS starken Schiffsmotoren. Wir ziehen stromaufwärts.

Jetzt ist Nacht über dem Malebo-Pool, dem fünfundzwanzig Kilometer breiten Bauch des Kongo-Flusses. Gleich am Morgen setzt es Prügel. Der immer gleiche Grund: Überbevölkerung. Man braucht Zeit, um zu begreifen, welche Menschenmassen sich hier auf ein paar hundert Quadratmetern aneinander quetschen. Gewimmel vor den Duschen, die in Windeseile voll gemachten Toiletten, Kampf um die kümmerliche Frühstücksration, das Plärren eines unzählbaren Kinderreichtums, die Mühsal, den eigenen Körper fortzubewegen.

Dennoch, Gewalt ist eher die Ausnahme. Sie warten, geduldig, apathisch, ohne große Anteilnahme. Gibt es den geringsten Grund zur Freude, dann nehmen sie ihn wahr, lachen über andere, lachen über sich selber. Die verrückte Alte, die an der Klotür lehnt und laut grinsend an ihren privatesten Körperteilen fummelt, stimmt genauso fröhlich wie der Moundele, der Weiße, der gebannt den Vorgang beobachtet. »Je vous cherche une femme«, ich besorge Ihnen eine Frau, sagt ein Knirps trocken neben mir und dröhnendes Gelächter entspannt unsere eingepferchten, schwitzenden Körper.

Später wird es besser, jeder findet einen Quadratmeter, breitet sein Hab und Gut aus. Ein kongolesischer Werktag beginnt. Haare schneiden, Bärte rasieren, Läuse suchen, Zöpfe flechten, Dame spielen, Rollstühle reparieren, Kleider waschen, Körper einseifen, dösen, schauen, reden, unheimlich viel reden. Und lachen, auf Biegen und Brechen lachen.

Der Fluss – hier dient er als Grenze zwischen den beiden Kongo-Staaten – ist eng geworden, wir durchqueren den »Kanal«. Die starke Strömung bremst, wir machen knappe fünf Kilometer die Stunde. Wasserhyazinthen treiben am Schiff vorbei, rechts und links ist die Landschaft gleich öde, karge Hügel, ein paar Dörfer, manchmal brennt das Land. Drei der sechs Beiboote haben ein Stockwerk. Im Obergeschoss liegen die Kabinen der zweiten Klasse, leere Boxen mit je zwei über-

einander montierten Bettgestellen. In der dritten Klasse stehen drei Eisenroste. Zahlen ohne Bedeutung, da in jedem dieser meist fensterlosen Bunker eine vollständige Familie haust, nicht unter acht, nicht über achtzehn Personen.

Ansonsten verfügen diese viereckigen, schon vier Jahrzehnte dahinrostenden Stahlkisten – ohne Motor, nicht steuerbar – über dieselbe einfache Ausstattung: ein paar Latrinen, ein paar Nasszellen, ein abends zum Massenschlafsaal umfunktioniertes »Restaurant«, eine Küche. Das ist der herausforderndste Ort von allen: Um 4.30 Uhr beginnt dort die Arbeit, die primitiven Holzkohleöfen in Gang setzen, gelbes Flusswasser schöpfen, die randvollen Teebottiche erhitzen. Anschließend Essensausgabe, die keilende Masse disziplinieren, jedes Frühstück auf der Fahrkarte des Empfängers eintragen und abhaken.

Hinterher Vorbereitung des Mittagessens. Reiszentner kochen, eine Stunde lang mit Mörser und Stößel Maniokblätter stampfen, manchmal Kuhmägen reinigen, selten Hühner zerlegen, oft gibt es nur Reis mit Bohnen. Inzwischen hat es 77 Grad in dem glühenden Verschlag. Wenn ich alle fünf Minuten hinauswanke, empfinde ich die 38 Grad heiße Äquatorhitze als wohltuende Umgebung. Um 15 Uhr zweite und letzte Essensverteilung. Abends gibt es nichts. Dafür stehen die Küchenmänner an der Theke und verkaufen Bier und Limonaden, rauchen und trinken selber, verschleudern ihren armseligen Lohn.

Von der Kommandobrücke der Ebeya führt eine kleine Treppe zum Dach des Oberdecks. Das wird meine Lieblingsstelle. Man hat Platz, es ist still. Nur das dunkle Brummen des Schornsteins. Um 18 Uhr geht die Sonne unter. Der rotgelbe Himmel mit schwarzen Wolken, dahinter zucken die Blitze.

Mule-Mule, der Schwiegersohn des ersten Offiziers kommt, zieht ein Päckchen Chanvre hervor, brauchbares Marihuana, verboten und weit verbreitet. Er dreht einen Joint, steckt ihn auf seinen »grand-maître«, eine kunstvoll geschmiedete, dreißig Zentimeter lange Zigarettenspitze, wir rauchen. Die Dunkelheit kommt, von fern die Stimmen der Passagiere, die auf den Dächern der Seitenschiffe ihr Nachtlager aufschlagen. Gelächter dringt herauf, im Strahl der Suchscheinwerfer schwirren Bataillone lichtsüchtiger Insekten.

Wir hören vier Männer diskutieren, todernst gehen sie der Frage nach, ob Jesus Christus als Sohn Gottes auch Gott sei oder eben nur Jesus Christus, ohne Göttlichkeit? Mit der Taschenlampe blättern sie nach stichhaltigen Bibelstellen. Mule-Mule spendiert eine zweite Runde, ein

paar Sterne kommen zum Vorschein, Glückswellen wandern durch meinen Körper.

Am nächsten Morgen wird die Reise offiziell eröffnet, mit dem Salut au drapeau, dem Hissen der Fahne. Militär marschiert auf, die betriebseigene Polizei kommt dazu, Stechschritt vorwärts, rückwärts, stopp. Jetzt ein paar patriotische Urschreie, noch einmal knallen die Hacken, alle müssen wir strammstehen. Dann wird es still und sie singen ein zartes, zärtliches Lied, die Nationalhymne. Ergriffen und stolz sind sie in diesem Augenblick auf ihr bettelarmes Land, singen von seiner Schönheit und von der »Größe und Majestät« dieses Flusses. Fünf Minuten später hat die Harmonie ein Ende. Nach der Hymne steht »la chanson de la révolution« auf dem Programm. Doch die Marktfrauen protestieren, wollen, dass der Unfug aufhört, wollen endlich ihre Stände aufbauen und Geld verdienen. Noch hat jede Revolution sie ruiniert, nur ihre eigene Arbeit lässt sie leben.

Die sechs Schiffe verwandeln sich in einen Viktualienmarkt, eine Großmarkthalle, ein Kaufhaus, einen Bazar. Gleichzeitig landen die ersten Fischer an, verkaufen auf ihren Pirogen Aale und Barsche, lebendig oder geräuchert. Mit dem Gewinn gehen sie einkaufen, die gewöhnlichsten Dinge der Welt: Nähfaden, Angelhaken, Seife, Büstenhalter, Zahnpasta, Mottenkugeln, Reißnägel, Haarpomade, Schreibhefte, Socken, Bleistifte, Turnschuhe, »Cartier«-Uhren, »Lacoste«-Hemden, Babywindeln, Klopapier, falsche Fingernägel, Einwegspritzen, Penizillin, Kopfwehtabletten. Ein Produkt bieten alle an, ob sie nur Reißverschlüsse oder rosa Pillen gegen Menstruationsschmerzen verkaufen: Die bunt verpackten »Dear-Heart«-Tuben versprechen ein »complete skin lightening treatment«. Auf der Verpackung sieht man erfolgreich gebleichte Schwarze. Das Produkt gilt seit Jahren als Renner. Die Wut des schwarzen Mannes auf seine eigene Farbe sorgt für Umsatz. Weiß sein, antworten sie, ist schön, bedeutet Geld, wahnsinnig viel Geld. Nur einer misstraut der Wundercreme, er hat von Transplantationen reden hören, nachdenklich streicht er über meine Arme: »Gut, nicht schlecht«, murmelt er zufrieden, »was willst du haben für deine Haut?«

Der Nachmittag bringt einen einsamen Höhepunkt. Alles, was Menschen sich antun können, an Wärme und Kälte, an Worten und Taten, ist auf den großen Flüssen dieses Landes schon passiert. Mord und Totschlag, Treueschwüre und Hochzeitsnächte, Kaiserschnitte und Totgeburten, Großbrände und Seuchentote, alles schon da gewesen. Aber jetzt, an diesem Freitag um Schlag 17 Uhr, bricht ein Johlen und Kreischen aus, ja

wahre Veitstänze der Lust über ein Ereignis, das so noch nicht stattgefunden hat. Nicht so öffentlich, nicht so unübersehbar. Wer immer kann, rennt los, turnt am Geländer hoch oder wetzt die Leitern hinauf, um auf das Dach der Mombongo, der vordersten Barke, zu gelangen, wo ihn ein wahrhaft märchenhafter Anblick erwartet: Ein nacktes Paar, verschlungen in schweißgebadeter, hektischer Leidenschaft, wimmernd, stotternd, tatsächlich unerreichbar von jeder Außenwelt, die fassungslos und hingerissen daneben steht und starrt. Bis das Liebesspiel unter Ovationen endet. Und erst jetzt kommen die beiden wieder zu Bewusstsein, hören das Freudengeheul der anderen, spüren plötzlich eine fürchterliche Scham, bedecken sich, ziehen sich überstürzt zurück.

Für mich hat der fulminante Auftritt ein Nachspiel. Frère Emile, beruflich als Verkünder und Prediger unterwegs, hat mit Sorge die Szene (und mich) beobachtet. Was ihn besonders schmerzte, sei mein offensichtliches Interesse an ihr gewesen. Er müsse mit mir reden. Also reden wir. Bruder Emile ist sanft und gütig. Er weiß um den Stachel der Wolllust, hat selbst erfahren von der Schwäche des Fleisches, kennt folglich den Weg hinaus aus Gier und loderndem Verlangen. »Le Seigneur«, sagt er, »unser Herr ist auch über den Kongo geschritten, um uns beizustehen«. Sollte das Weib (irgendein Weib) tatsächlich nachts an meiner Kabinentür klopfen, so solle ich öffnen und sie hereinbitten. Zum gemeinsamen Gebet.

Bruder Emile zitiert zuletzt das Neue Testament, Apokalypse, Kapitel 3, Vers 15, 16: »Ach dass du kalt oder warm wärst. Weil du aber lau bist und weder warm noch kalt, werde ich dich ausspeien aus meinem Munde.« Standhaft solle ich bleiben, nicht nachgeben, nicht lau werden im Angesicht fleischlicher Verlockung. Dann überreicht er mir einen kleinen Prospekt, Verkaufsanzeige für einen »cours biblique par correspondance«. Am besten heute noch unterschreiben, meint er, so könne ich umgehend mit dem Fernstudium der Bibel beginnen.

Noch drei Tage bis Mbandaka. Jede Nacht jetzt eine Razzia, Suche nach Passagieren ohne Fahrschein. Rollkommandos von zwanzig Mann schwärmen um zwei Uhr früh über die Boote. Am nächsten Morgen sitzen drei Dutzend der armen Teufel auf dem Boden der Kapitänsbrücke. Wachpersonal mit gezogenem Knüppel hält sie in Schach. Lautstarkes Flennen und Wimmern, Frauen fallen auf die Knie, flehen um Erbarmen, erzählen mit schriller Stimme ihre Geschichte.

Bei der Razzia kamen andere gleich mit unter die Räder: Notorische Schwarzfahrer werden mit

Handschellen am nächsten Wasserrohr befestigt. Ein gefasster Marihuanaraucher hat einen Sonderplatz. Die eisernen Fesseln schneiden in seine Handgelenke, er stöhnt dramatisch: »Loboko, loboko«, meine Arme, meine Arme. Neben ihm hocken zwei zerzauste Mamans, handgreiflich gewordene Rivalinnen um ein und denselben Mann, auch sie angekettet.

Die ganze Inszenierung ist nur ein Schauspiel unsäglicher Scheinheiligkeit: Mehrere Hundertschaften reisen hier, ohne einen halben Franc zu zahlen. Alles Freunde, Nebenfrauen, Kumpel und Mitglieder der Großfamilie von Leuten, die auf dem Schiff arbeiten. Viele bezahlen auch, aber eben kein gültiges Ticket, sondern Schmiergelder an das Personal, das die Kundschaft dafür unauffällig an Bord schleust. Jeder weiß Bescheid, jeder hält den Mund, jeder ist bezahlt. Der Kapitän, der Polizeichef, das Militär, der Maschinist. Wer nachts geschnappt wird, hat Pech und keine Freunde. Er wird so lange Handschellen tragen, bis er »nachzahlt«. Dasselbe gilt für den Pot-Raucher, die Taschendiebe, das blindwütige Damendoppel. Bei Zahlungsunfähigkeit gibt's einen »Landurlaub in Mbandaka«: sechs Monate lang, hinter Gitter. Wer sollte sich in diesem Land um Gerechtigkeit und Fair Play kümmern? Zu kaputt ist das politische System. Wer sich hier auf dem Schiff bereichert, sind die kleinen, eher unbegabten Ganoven, die zufällig eine Uniform tragen und als »Staatsdiener« einen Armensold nach Hause bringen. Die großen Zapfer und Sauger sitzen woanders.

Wieder wird der Fluss unübersehbar breit. Breit wie ein See, voller winziger Inseln, an den fernen Ufern wuchert ein dichter Regenwald. Ein paar Schilfhütten stehen dazwischen, Modell afrikanische Steinzeit, die Einwohner winken herüber. Alle sind ans Ufer gekommen, wollen das Vorbeiziehen der Ebeya nicht verpassen. In solche Nester verfrachtete Ex-Staatschef Mobutu seine politischen Gegner. »Rustifikation« nannte er das, diese Exilierung ins eigene Land. Nicht dumm: Der Stumpfsinn, die Ohnmacht und klimatischen Zumutungen eines solchen Landlebens zermürben, machen gefügig.

Die Bevölkerungsexplosion an Bord nimmt zu. Zu den Menschen gesellen sich jetzt die Tiere. Jäger bringen exotische Fracht. Gefesselte Krokodile, kopfschusstote Meerkatzen, scheue Schildkröten, Schimpansenkinder, Gorillababys, halbe Nilpferde, ein Riesenschuppentier, kuhgroße Antilopen, Käfige voller Papageien, getrocknete Fledermäuse, kübelweise fette Larven. Daneben die harmlosen Haustiere: Hühner, Schweine und Wildschweine, Ziegen und Gänse.

Glückliche Tote, die Lebenden erwartet ein barbarisches Schicksal: Das Krokodil landet zwischen zwei Toilettentüren, später wird es – auf Proteste der Klobenutzer hin – im Eck einer Barke verhungern. Noch später kommt es, in Scheiben geschnitten, in den Kühlraum. Der Hungertod macht Sinn, da Lagerkosten teuer sind und ein lebendiges Tier nicht verdirbt.

Ähnlich elend der Tod der Fische. Ihre rollenden Augen, ihr gieriges Atmen durch die Kiemen. Irgendwann spüren sie die Machete des Eigentümers, der seinen Namen in ihren Bauch ritzt und die Flossen kappt, um die Ware Platz sparender zu verpacken. Zwei, drei Tage dauert ihr schonungsloses Ende, endlich dürfen sie im Kühlhaus erfrieren. Schildkröten bohrt man ein, zwei Löcher in den Panzer, zieht eine Schnur durch, verbindet so ein Dutzend auf engstem Raum. Prächtige Einzelstücke baumeln an Türpfosten und Treppengeländer. Ziegen werden so knapp aneinander gezurrt, dass keine sich hinlegen kann, Tortur im Stehen. Dafür liegen die Schweine – aufeinander. Ihre wund gebissenen Ohren berichten vom Kampf um Lebensraum. Nach Tagen beginnen ihre Leiber zu zittern, das ist der Hunger. Am grausamsten leidet das Schuppentier. Der Draht, den der Besitzer um den rechten Fuß gedreht hat, entzündete das Fleisch, lässt es langsam abfaulen, sodass die Klaue zuletzt ausgefranst am Rumpf hängt. Das Tier gibt keinen Laut von sich, es ist stumm, wie von Sinnen leckt es seine Wunde. Hier kommt der Begriff »Tierschutz« nicht vor, hier ist Wildnis, ein gewaltiges Land, ein unendlicher Strom, ein gigantischer Urwald, ein immer gefährdetes Leben. Tiere dienen dem Überleben. Man muss sie beherrschen. Ein falscher Handgriff, und das Krokodil wedelt dem Jäger den Kopf vom Hals.

Die Abende auf dem Fluss versöhnen. Der rot schimmernde Himmel, im Westen ein Regenbogen, weit weg ein unhörbares Gewitter, überall das goldglitzernde Wasser. Am Heck des Schiffs singen die »Frères en Christ«. Sehr professionell, zehn Leute im Chor und dazwischen die heisere, verkratzte Stimme des Vorsängers. Leicht und rhythmisch bewegen sie ihre musikalischen Körper. Nach den Brüdern in Christus sind die Moslems an der Reihe. Friedlicher Übergang, friedliche Toleranz. Still knien sie Richtung Mekka.

Das ist die Stunde zwischen Wolf und Hund, Dämmerstunde, in der man beide nicht mehr unterscheiden kann. Und wieder ist er da, der Zauber, der namenlose Zauber Afrikas.

Die religiöse Inbrunst scheint überwältigend. Morgens um sechs rennt ein Mensch durch die Gänge und schreit: »Wer Jesus Christus liebt, kommt zum Gottesdienst.« Ich komme. Im Restaurant haben sie den Altar aufgebaut, ein Kreuz steht da, die offene Bibel liegt davor, Kerzen brennen. Unterm Tischtuch lugen der Manioksack hervor, ein Wasserkanister, Gemüsereste. Eine Maus huscht verschreckt davon. Gläubige treten nach vorne und erzählen eine Parabel. Einer weiß das Gleichnis von der Katze, die tagsüber schnurrt und nachts das Haus verlässt, um zu rauben. Hinweis auf scheinheilige Christen.

Neun erbauliche Geschichten folgen, dann Bibellektüre, dann die Hauptpredigt über David, der – wieder abschreckendes Beispiel – die Frau seines Hauptmanns begehrt. Dazwischen Halleluja-schreie, heftiges Stampfen, das brennende Verlangen, sein Herz in den Himmel zu schleudern. Bald dampft eine Menschenschlächterhitze im Raum, mein nasser Handballen verschmiert die Notizen. Nach einer Stunde und vierzig Minuten geht der Klingelbeutel um (Fahrtgeld für den Pfarrer), eine Schweigeminute folgt, ein Gockel kräht dazwischen, zuletzt geben wir uns alle die Hände, Zeichen von Freundschaft und Frieden. Im Wiegeschritt schwingen wir hinaus.

Kongolesen haben ein sinnliches Verhältnis zu ihrem Körper. Was immer sie mit ihm unternehmen, man sieht ihre Begabung, ihre Lust mit ihm umzugehen. Nach der Messe wird getanzt, der Altar verschwindet, hinter der Theke steht die Anlage. Viel African Pop, acht Minuten lange Reggaenummern, kaum westliche Musik. Wie unter Starkstrom vibrieren die Leiber, ihre Gesichter bekommen diesen seltsam abwesenden, leicht idiotischen Ausdruck. »Erscheint der Tanz, verschwindet der Tänzer«, sagen die Sufis. Genau so. Andere trainieren, oben auf den Dächern der Beiboote. Karate, Ringen, Akrobatik. Der Lieblingssportler aller ist Mike Tyson. Boxen ist männlich und begehrenswert. Jean Remy, der zweimalige Landesmeister im Superleichtgewicht, organisiert das Training. Ganz Profi erteilt er die Anordnungen in Englisch. So üben die Jungs beim »sparring« die »straight left«, »straight right«, »the guard«. Vorher müssen sie durch ein schweißtreiber des »warm-up«, Gymnastik, Liegestützen, kurze Sprints. Hinterher kehrt Jean Remy wieder zurück an seinen Stand, verkauft Babywäsche, hat neun Kinder und träumt weiter, einmal, irgendeinmal mit seinen Fäusten Geld zu verdienen.

Nach den Boxern kommt der Kader zum Training. Eine zwei Dutzend Mann starke, paramilitärische Organisation, die für Ordnung und Disziplin während der Reise sorgen soll. Als hehres politisches Ziel gilt »la défense de la révolution«, die Verteidigung der Revolution. Das ist zum Teppichbeißen lustig. Dick und Doof auf dem Kongo.

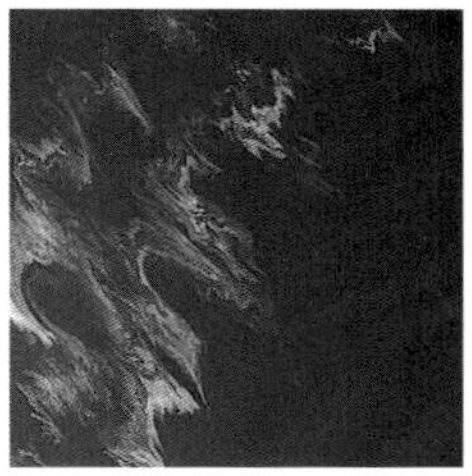

Uniform ist Vorschrift. Was sie nicht hindert, in Bermudashorts, roten Socken, abgelaufenen Sandalen, T-Shirts (»Wyoming-University«) und Baseballmützen aufzutreten. Erstes Ziel: die tägliche Zeremonie des Fahnenhissens in den Griff zu bekommen. Es hapert, beim Stechschritt ist der Abstand zu kurz, folglich beschweren sich Vordermänner über Tritte in den Hintern. Die Kehrtwendung schafft ebenfalls Probleme. Kopfbeulen sind die schmerzhafte Folge. Auch der Text sitzt noch nicht: »A vos ordres«, zu Befehl, soll einer sagen. Er sagt alles, nur nicht diese drei einfachsten Wörter.

Funktionieren endlich die ersten Schritte, posaunen sie gemeinsam über den stillen Fluss: »Nous mourons pour la révolution«. Jetzt gibt es kein Halten mehr bei den Zuschauern, Lachtränen in den Augen. Dass diese windschiefen Heinzelmänner eines Tages für die Revolution sterben werden, ist abzusehen. Erleichterung auch, so viel militärische Unbegabung verspricht Frieden. Das ist so mitreißend in diesem Land: diese Lachsucht, dieses Talent, sich nicht todernst zu nehmen. Nicht sich, nicht andere, keinen.

Der späte Nachmittag bringt Aufregung. Einer der Kähne, bereits bedenklich schwachgerostet, löst sich vom Hauptschiff. Zwei Eisenpflöcke, um die faustdicke Verbindungskabel gespannt waren, rissen endgültig aus ihrer Verankerung. Das zerrt an den Nerven. Versagt der dritte und letzte Pfosten, driftet das Beiboot steuerlos und mit vierhundert Passagieren an Bord die Strömung hinunter. Geschickt, und nach sechs gescheiterten Versuchen erfolgreich, manövriert der Kapitän die Ebeya wieder an die Längsseite der gefährdeten Rostlaube. Fünf Seemänner schuften im Akkord, sie finden eine Zwischenlösung, verbinden die Seile mit den beiden Geländern. Die werden auch eines Tages, eines Nachts, reißen. Dann werden sie nach einer anderen Lösung suchen. Wieder provisorisch. Endgültige Lösungen sind in Afrika eher selten.

Heute stehen am seidenblauen Himmel nur der Sichelmond und die Venus, der Abendstern. Eine Stunde später sind es ein paar Millionen Sterne, die im Wasser reflektieren. Und drei Meteore, die hellweiß verbrennen. Wir überfahren den Äquator. Mule-Mule hat mir einen Satz der Massai mitgebracht: »Wir Menschen haben zwei Kleider. Eines, um uns darauf auszubreiten, das andere, um uns damit zu bedecken. Eines heißt Himmel, das andere heißt Erde.«

Maître Tierry sitzt neben uns, oben auf dem Blechdach hinter der Brücke. Er ist »guérisseur magicien«, Zauberheiler. Heute hat er mich angesprochen. Er könne, sagt er, nicht länger warten.

Er will rückhaltslos offen mit mir sein. Schon als er mich das Schiff betreten sah, war er sich seiner Diagnose ziemlich sicher. Die letzten Tage hätten den Eindruck nur verstärkt. Ich litte, rundheraus, an einem »dérangement moral«. Das wäre, milde übersetzt, eine »moralische Störung«, ließe sich aber auch – hoffnungsloses Endstadium – als »geistige Zerrüttung« interpretieren. Der Meister beruhigt mich, widerspricht der Hoffnungslosigkeit, verspricht umgehend Hilfe. Die Intensivkur würde eine Woche dauern, die Kräuter lägen bereits in seiner Kabine. Daraus will er einen Leben spendenden Trank präparieren, der mir dann täglich durch Ohren, Mund und Nase in den Kopf geschleust würde. »Pour nettoyer le cerveau«, um mir das Hirn zu reinigen, wie er mir sachlich erklärt. Dazu käme allerdings noch »seine geheime Geste«, Garant für die vollständige Reparatur meiner – doch ja – schwerwiegenden Verstörung. Der Preis wäre einmalig (wie wahr), umgerechnet glatte 1300 Euro, inklusive Hirnöl, Kopfhautmassage, Zaubersprüche und das Säckchen gestampften Kräutermehls zur Nachbehandlung. Ich zögere noch, nun doch in Sorge, dass ich beim Hirnreinigen den Verstand verliere. Eine Tsetsefliege hilft aus, ich mache mich davon, bitte den Meister um Bedenkzeit.

Mir geht es gut. Auf der dreistöckigen Ebeya, dem dreiunddreißig Jahre alten Schubschiff, liegen die Erste-Klasse-Kabinen und vier – grandiose Lügenbaronsprache – »Cabines de luxe«. Eine davon gehört mir. Ein schmieriges Zimmer mit heruntergerissenen Vorhängen, einer einzigen intakten 25-Watt-Funzel, mit zerbrochenen Badearmaturen (originelles System: Öffne ich den Waschbeckenhahn, fließt Wasser in die Kloschüssel), drei Durchzugslöchern für Mäuse und zwei unbezahlbaren Vorteilen: Hier bin ich allein, erfahre enorme zwölf Quadratmeter wohltuender Einsamkeit und – siehe Äquatorschweiß – eine Klimaanlage, die dem erledigten Körper Segen spendet.

Mehrere Gründe existieren, mich gut zu fühlen und dankbar zu sein: Frère Emile will meine Seele retten. Maître Tierry verspricht – für ein lokales Zehnjahresgehalt – mein desolates Nervensystem gesundzuheilen. Angebote liegen vor, in den afrikanisch-europäischen Elfenbeinhandel einzusteigen. Für einen Goldschmuggler aus der Kiwu-Region soll ich eine Niederlassung in Paris eröffnen. Derek, einfacher Fischer und nebenbei heimlicher Großwildjäger, klopft nachts an meine Kabinentür, um mir – kommissarisch – seine Tigerfelle anzuvertrauen. Die luxuriöse Bruchbude hat also einen dritten Vorteil: Man kann sie

zusperren. Das schafft Vertrauen, meine schwarzen Geschäftsfreunde reden sich leer, erzählen von ihren rührenden Träumen. Von wegen Geldkisten, Mercedes-Limousinen und einem langen, reichen, vollklimatisierten Leben.

Wir erreichen Mbandaka, kleine Stadt mit Hafen und alten belgischen Kolonialhäusern. Viele kommen, viele gehen. Auch die Schwarzfahrer, hintereinander, gefesselt mit langer Schnur am linken Handgelenk. Auf einem Lagerschuppen steht: »Oscar de la paix et du développement«. Ein Witz, noch immer überpinselte keiner die Erinnerung: an Ex-Blutsauger Mobutu als afrikanischen Oscarpreisträger des Friedens. Black Magic. Im Jahr 1987 erhielt er die fragwürdige Auszeichnung.

Ein menschenverachtendes Kasperltheater zu Ehren eines Mannes, der jede Opposition über den Haufen schießen ließ, seine politischen Gegner zum Krüppel folterte, hinter Zuchthausmauern verbarrikadierte, aufs triste Hinterland verschleppte.

Noch weniger fassbar der zweite Teil der Auszeichnung, »Oscar du développement«, Champion der Entwicklung. Mobutu sozusagen als Vorreiter für Wachstum und Fortschritt. Während fünfunddreißig Millionen in Kuhställen lebten und sich in Viehwägen fortbewegten, donnerte le maréchal Mobutu Sese Seko mit seinen Hofbücklingen in der gecharterten Concorde (Mietpreis pro Stunde: 7000 Euro) über sie hinweg.

Während dieser als »Staatsbesuche« getarnten Weltreisen erledigte er drei Dinge: Inspektion seiner europäischen Privatschlösser, Bettelgesänge für Milliardenkredite, Vergeudung eines Millionendollarspesenkontos. Afrikanische Märchenstunde: Ex-Zaire und Ex-Privatbesitz Mobutus, jenes an Bodenschätzen wohlhabendste Land des Kontinents, verkam zum Slum, schamlos leer gesaugt von einer Clique Kleptomanen. So finanzierte eines der heute ärmsten Länder der Welt einen der reichsten Gangster des 20. Jahrhunderts. So viel zum Oscarpreisträger von 1987.

Noch verfügt der Fluss nicht über genügend Wasser. Die Regenzeit hat erst begonnen, wir rennen täglich auf Sandbänke. Gegensteuern, seitwärts ausscheren, rückwärts stoßen, weiter. Panik nur bei den Bootsbesitzern in ihren seitwärts angebundenen Pirogen. Die Propeller der Ebeya wirbeln gewaltige Schlammmassen auf, die ruckartigen Manöver produzieren heftige Wellen, die schmalen Einbaumkanus drohen zu kentern. Mit der Fracht: den Orangen, Bananen, Holzkohle-Säcken, dem Palmenöl, den Kisten Limonade, dem Verdienst der letzten drei Wochen. Die mutigen Besitzer.

Sogar nachts springen sie hinterher, schwimmen in die schwarze Dunkelheit, wollen die Piroge, das teuerste, was sie besitzen, retten. Andere gehen auch über Bord, betrunkene Streithähne mitten im Faustkampf, Schlafende, die vom harten Stoß einer Sandbank überrascht werden. Gerade nachts haben diese Szenen etwas Unheimliches, so eine stille, lautlose Brutalität.

Tagsüber passiert etwas Ähnliches. Aber dann ist es tollkühn und amüsant. Ein paar Steppkes kommen aus ihren Dörfern ans Schiff geschwommen, klettern die Außenwand hoch, nehmen Anlauf und hechten – hintereinander, nebeneinander, einer mit Salto – die acht Meter zurück in den Fluss. Wilder Applaus, die Zuschauer werfen ein paar Münzen. Die in die Badehose kommen. Es klingelt dann, wenn sie losrennen. Gelächter. Irgendwann drehen sie ab, schwimmen mit der Strömung zurück nach Hause.

Ein Kind stirbt. Malaria. Keine Überraschung bei den sanitären Verhältnissen. Vor Jahren brach eine Cholera-Epidemie aus. Das Schiff rammte eine Sandbank, blieb tagelang liegen. Dreitausend Gefangene. Der schnell und rundum von menschlichen Abfällen versaute Fluss, dazu die Exkremente der Tiere. Es gab kein Trinkwasser, so blieb nur das infizierte, grindige Gewässer. Die Verpflegung wurde knapp. Tatsächlich starben manche an Hunger. Die drei Krankenpfleger – noch heute haben sie kein Waschbecken in ihren Behandlungszimmern – waren schwerst überfordert. Zurück blieben über vierhundert Tote. Seit dieser Hölllenfahrt hat sich nicht viel geändert. Noch immer ein säuischer Dreck. Immerhin gibt es jetzt eine Trinkwasseranlage, sie reicht für zehn Prozent der Passagiere, der Rest schlürft wie gewohnt den Fluss. Außerdem fährt ein Arzt mit. Er selbst, so erzählt er mir, hält seine Mittel »pour une blague«, für einen Witz.

So haben wir Glück. Nur ein Toter. Der Kleine liegt auf einer Tragbahre, zwei Kerzen brennen, neben ihm die erschöpfte, verweinte Mutter. Die »Frères en Christ« kommen, packen ihre Kongas aus und singen vom vergänglichen Leben des Menschen und der unvergänglichen Liebe Gottes.

Inzwischen ist der Kindersarg fertig, weiß bespannt mit aufgesticktem Kreuz. Sie legen den Toten hinein, decken ihn zu mit bunter Unterwäsche, einem Paar Sandalen, einer Flasche Babyöl. Auf seinem T-Shirt steht »Rolex«. Der Kleine hat ein hübsches, friedliches Gesicht. Der Schmerz kommt zurück, der schluchzende Oberkörper der Mutter legt sich nach vorne. Der Pastor mahnt zur Eile, Wolken ziehen auf, der Wind bläst. Auf Kilometer 1180 legt die Ebeya krachend – drei Pirogen splittern – an einer menschenleeren Insel an.

Etwas Ergreifendes passiert: Auf dem Riesenschiff wird es still, ein langes Spalier bildet sich, jeder neigt den Kopf, als die Prozession vorbeizieht.
Der Trauerzug springt auf die Insel, wir erreichen eine Lichtung, zwei Mann beginnen ein Loch zu graben. Als sie den Toten hinunterhieven, fällt ein strömender Regen vom Himmel. Alle bleiben zum Gebet, der Geistliche liest ein Bibelwort, jeder wirft eine Handvoll Erde ins Grab, zuschaufeln, zuletzt kommt ein Holzkreuz auf den Hügel. Im Hintergrund tönen bereits die ungeduldigen Signale der Ebeya. Als wir zurücklaufen, benötigen wir schon Anlauf für den Sprung auf das Schiff. Einer verfehlt die Reling. Befreiendes Gelächter, die Beerdigung ist zu Ende.
Wir stoppen in Lisala, hundertzwanzig Kilometer später in Bumba. Verschlafene Tropenstädte. Ausladen, einladen, einen Motorschaden reparieren. Eine Kleinigkeit, was lange dauert, ist das Heranschaffen eines Schweißers. Sechs Stunden lang wird er gesucht, zwanzig Minuten schweißt er, Weiterfahrt. Wieder den großen Fluss entlang, vorbei an einem nie berührten Dschungel. Bestaunenswert sind die nackten, leer gefetzten Baumstämme, die das Dickicht überragen. Sie blieben als einzige Zeugen einer spektakulären Überschwemmung, die 1962 das Land überflutete.
Die vierzehnte Nacht, die letzte, bleibe ich auf. Ab ein Uhr wird es ruhig, selbst die jagenden Schmerzensschreie der Schweine verstummen, heisergeschrien liegen sie im Regen. Ein Krüppel kriecht aus seinem Rollstuhl zu den Toiletten. Vor der kurzen Treppe kann er nicht weiter. Ich hebe ihn hinauf. Er ist leicht, ohne Füße. Im Zala, einem versteckt gelegenen Zwischengeschoss auf der Muyanza, finde ich ein paar meiner Freunde. Heimliche Passagiere, die es fast geschafft haben. Sechzig Zentimeter hoch ist ihr Schlupfwinkel. Natürlich wird geraucht. »Pas de Kaya, pas de sentiments«, grinsen sie. Kaya ist ein Codewort für Marihuana. Ohne Gras keine Gefühle. Zwei von ihnen plagen hundsgemeine Probleme, Syphilis. Ohne Scheu haben sie schon bei unserer ersten Begegnung ihre von Ausschlag bedeckten Körper bloßgelegt. Jetzt bin ich meine letzten Antibiotika los.
Weiter. Schwieriges Fortkommen. Die von Viehherden, Fischkörben und Schläfern versperrten Gänge. Eltern mit zehn oder zwölf oder vierzehn Kindern. Kongolesen wollen nicht wahrhaben, dass zwischen ihrem Kinderreichtum und ihrer Erwachsenenarmut ein Zusammenhang besteht. Die von Kirche und Staat verdummte Bevölkerung, die sich – nahe dem Weltrekord – rasend schnell vermehrt, sich in dreißig Jahren verdrei-

facht hat. Ich sehe Mütter, an deren strapazierten Brüsten die letzten zwei Babys zerren. Es kommt nichts, die Kleinen quetschen und kneten. Wieder nichts.

Sophie kann nicht schlafen. Stets muss sie lachen, wenn sie mich sieht. Zu dünn, wäre ich. Sophie ist dick, verkauft Plastikgeschirr und kocht gerade, wie so oft. Sie kocht oft, sie isst oft. »Kosibana« würde sie gerne mit mir machen, Liebe, und da ich mich immer hinausrede, muss ich immer mit ihr essen. Jetzt um 2.15 Uhr, Dienstagnacht, irgendwo auf dem Kongo, rächt sie sich. Es gibt fettweiße – lebendige – Raupen, zum Eintunken in heißer Kürbissauce. André Gide muss mir helfen. Sein Satz gibt Kraft: »Ich will dabei sein, und koste es das Leben.« Ich bin dabei, und überlebe.

Denis arbeitet noch immer, schneidert und bügelt im ersten Stock neben den Duschen. Wir reden kaum, rauchen verschwiegen. Neben ihm steht ein Gläschen Lotoko, der typische Maiswhiskey. Ich mag Schneider, mag ihre Sehnsucht nach Schönheit, nach einem letzten Quadratmeter Sauberkeit.

Oben auf der Brücke ist die Reihe an Steuermann Tankutu. 4.30 Uhr ist es jetzt, wir trinken ein paar Schluck Tangawisi. Das ist ein Wurzelsaft, ein altes Heilmittel gegen Rheumatismus, die Berufskrankheit von Leuten, die zu viel stehen. Wir warten auf den Morgen.

Noch dreißig Kilometer, noch sechs Stunden. Alles ist wach, steht auf den Dächern, hat ein starkes Bedürfnis, zur Erde zurückzukehren. Die wunderbare Vorstellung, fünf Schritte gehen zu können, ohne dass jemand im Weg liegt, ohne den Körper ununterbrochen verkleinern zu müssen. Auch ein letztes, wieherndes Gelächter, ja himmlische Schadenfreude: Ein voluminöses Weib fällt in den Fluss und verliert dabei ihren Liputa, das bunte Leibtuch. Kein Notfall, keine Gefahr. Sie erreicht eine angehängte Piroge, hält sich fest. Und dabei bleibt es. Weil sie splitternackt ist und keiner es sehen soll. Stürmische Anfeuerungsrufe, doch die Dicke hält sich keusch unter Wasser.

Um 10.55 Uhr, nach genau zwei Wochen, kommen wir tatsächlich an, Endstation Kisangani. Alle haben es gut. Die schamhafte Maman findet ein Kleid, die Schweine dürfen endlich sterben, die Händler ruhen zwei Tage aus, die Schiffe werden gewaschen. Erst dann geht es zurück in die Hauptstadt, zurück auf den Fluss, der wie nichts anderes ihr Leben bedeutet. ■

UNTERWEGS IN NAMIBIA

Gerade sind wir noch im strahlenden Sonnenschein durch die Namib-Wüste gefahren. Nun tauchen wir in eine dichte Nebelwand ein, die in den Wintermonaten typisch für die Küste Namibias ist. Die Wüste wirkt grau und abweisend, neben der Straße weist ein Metallschild auf die Eisenbahnstation »Grasplatz« hin. Plötzlich dringt ein furchtbares Geräusch aus dem Motorraum des alten Datsun-Geländewagens, und aus dem Motor quillt weißer Rauch: Motorschaden. Eine Stunde später schleppt uns ein LKW im dichten Nebel nach Lüderitz. Links und rechts der Straße Fachwerkhäuser, ein Schild wirbt für das Hotel »Zum Sperrgebiet«. Wir schieben das defekte Auto auf den Hof einer Werkstatt und finden uns im deutschen Kaiser-

reich wieder. Die schweren Maschinen der Schlosserei werden über Lederbänder angetrieben, einige Oldtimer stehen der Staubschicht nach zu urteilen seit 70 Jahren auf dem Hof, der Umgangston des deutschen Meisters gegenüber seinen schwarzen Angestellten erinnert an wilhelminische Kasernenhöfe. Der Ausbau des Motors fördert einen irreparablen Pleuellagerschaden zutage. Mit gemischten Gefühlen stelle ich den Datsun neben den anderen Oldtimern ab. Es sollte zwei Jahre dauern, bis ich in Deutschland einen passenden Motor fand, ihn nach Namibia verschiffen und einbauen lassen konnte.

In Lüderitz begann 1883 die deutsche Kolonialzeit. Der Bremer Kaufmann Adolf Lüderitz hatte von den Nama mit betrügerischen Methoden die Bucht von Angra Pequena und einen breiten Küstenstreifen erworben. Ein Jahr später stellte Bismarck den Privatbesitz von Lüderitz unter den Schutz des deutschen Kaiserreichs. Niemand ahnte damals, dass der thüringische Bahnbeamte August Stauch 1908 beim Bau der Eisenbahnlinie einen seltsamen Stein, den ein Arbeiter im Sand der Namib aufgelesen hatte, als Diamant erkennen sollte. Über Deutsch-Südwest brach ein wahrer Diamantenboom herein, an dem das Deutsche Reich aber nur kurze Zeit teilhaben konnte. Nach der Niederlage im Ersten Weltkrieg musste Deutschland seine Kolonien abgeben. Deutsch-Südwestafrika fiel an die Südafrikanische Union.

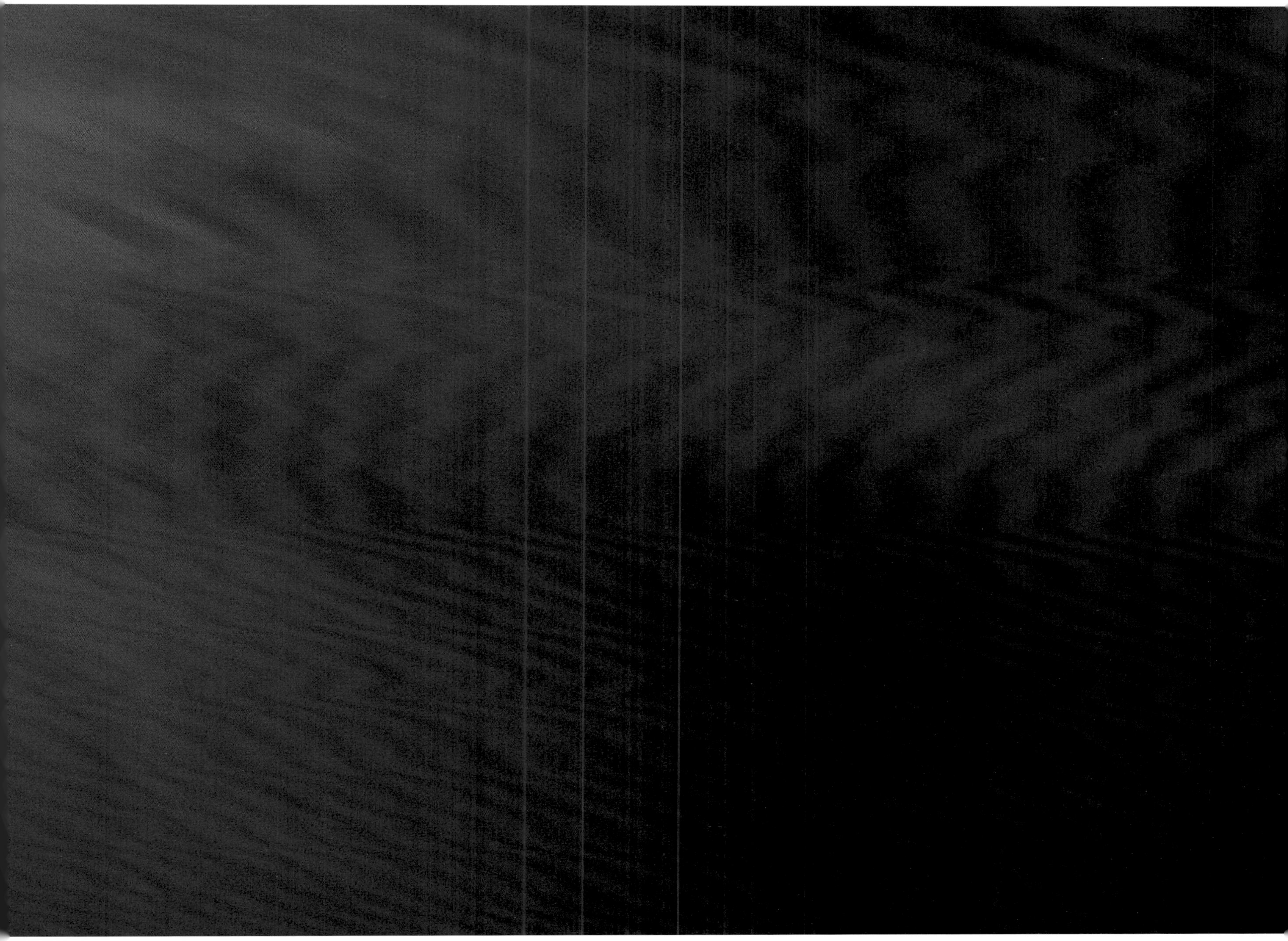

■ Ein junger Gepard streift durch trockenes Gras am Ostrand der Namibwüste.

■ Auch mehr als zehn Jahre nach der Unabhängigkeit sind die Lebensbedingungen der schwarzen und weißen Bevölkerung Namibias immer noch extrem unterschiedlich. Die während der Apartheid entstandenen Wirtschaftsstrukturen bestehen bis heute fort. Die landwirtschaftlich ertragreichsten

Gebiete Namibias sind in den Händen einiger Tausend weißer Farmer. Während sich deren wirtschaftliche Lage nicht zuletzt durch den boomenden Tourismus verbessert hat, sind die Perspektiven der schwarzen Bevölkerungsmehrheit völlig ungewiss.

Der Pilot und ich fliegen mit einem offenen Ultraleichtflugzeug in niedriger Höhe über die Dünen der Namib. Wechselnde Winde haben in der Nähe des Sossusvlei typische Sterndünen entstehen lassen, deren Grate sich nach allen Richtungen ausbreiten. Ein hoher Eisenanteil gibt dem Sand seine rötliche Färbung.

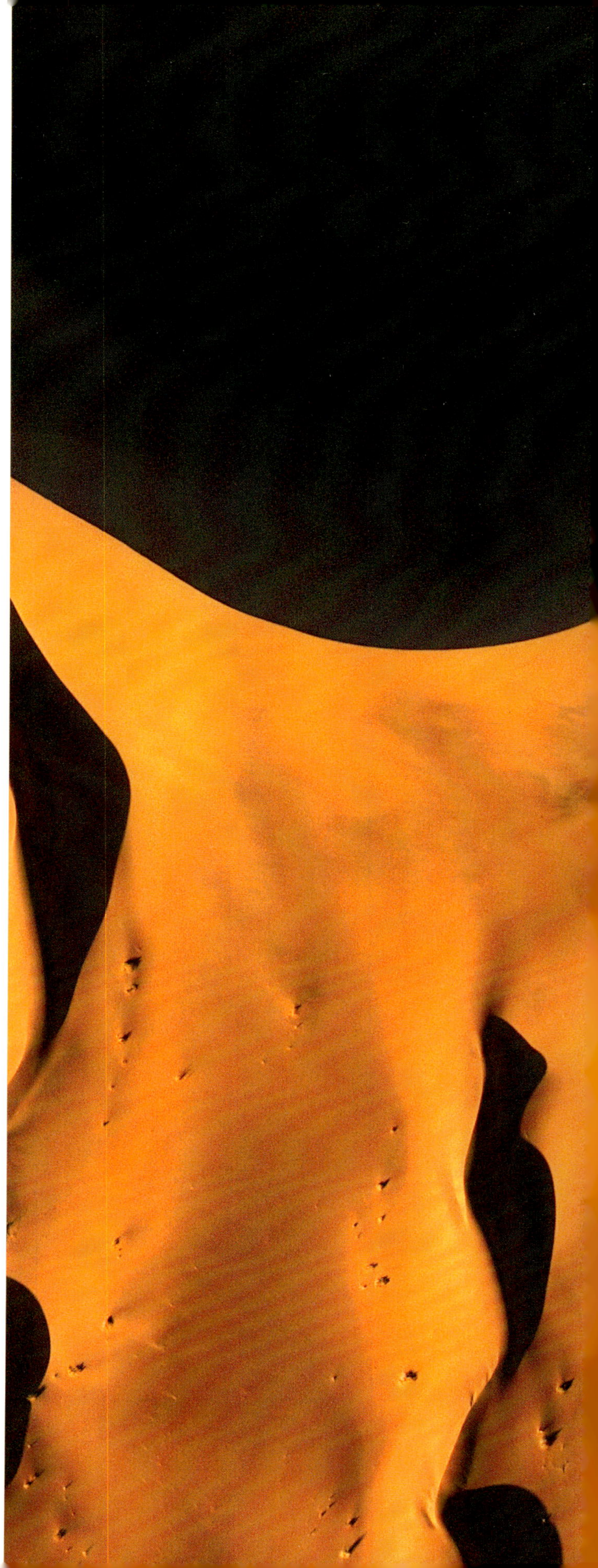

SÜDAFRIKA

ABSCHIED VON EINEM FREUND

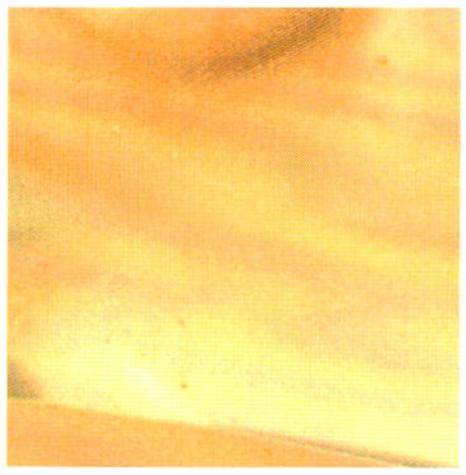

Nur Glück im Kopf. Flug über Namibia, Anflug auf die Hauptstadt Windhoek. Wer hinaus auf die Welt blickt, muss an den Sinn des Lebens glauben. Der gelbe Himmel, das rote Land, die blaue Luft. Ich zählte vor dem Einsteigen hundertsiebenundvierzig Moskitostiche und einen wackelnden Zahn. Drei Monate Afrika liegen hinter mir, und ich begreife einmal mehr, dass Schönheit heilt.

Auch Malaria-Nachwehen und Mundfäule. Da ich christlich erzogen worden war, kam die Strafe für den Augenblick der Leichtigkeit noch in derselben Nacht.

Sie kam so: Im Accomodation Center sitze ich Benny gegenüber. Er ist freundlich und hat trotzdem kein Zimmer. Ich schultere schon den Rucksack, da sagt er glatt: »Ich will helfen, wann immer ich kann.« Das wäre ein Satz, der bei wachen Zeitgenossen die Alarmanlage losheulen ließe. Nicht bei mir, ich bin dankbar und blöd und folge Benny zu einem Mietshaus, ein paar Ecken weiter. Im zweiten Stock öffnet er eine Wohnung: »Gehört einem Freund von mir, der Typ lebt gerade in Europa.« Benny überlässt mir den Schlüssel, ich deponiere mein Gepäck, reiche ihm die vereinbarten dreißig Dollar.

Als ich um 22.45 Uhr zurückkehre, ist der schöne Tag zu Ende. Der Schlüssel passt nicht. Ich manipuliere so vehement am Schloss, dass zwei Nachbartüren aufgehen und man mir nahe legt, »to get the fuck out of here«.

Wo ist Benny, ich will ihn töten. Ich verschwinde und suche eine Polizeistation. Ich finde drei Mehlsäcke, die mich verschlafen auffordern zu warten. Warten? Im Rucksack befinden sich die Aufzeichnungen der Reise, das wäre ein zukünftiges Buch, mein nächster Lebensunterhalt. Einer der Mehlsäcke sieht mir die Mordlust an und fährt mich zum Büro der Kriminalpolizei. Mit zwei Mann in Zivil – »undercover«, sagen sie cool – zurück zur Wohnung. Was nichts ändert, auch zwei Geheimagenten gehen durch keine Stahltür, wenn der richtige Schlüssel fehlt.

Ab 0.36 Uhr campiere ich auf dem Bürgersteig gegenüber. Als Mahnwache. Da das Zentrum von Windhoek nachts wie ein Friedhof aussieht, ist es friedhofsstill. Um 6.30 Uhr höre ich das erste Lebenszeichen, ein Schulmädchen verlässt das

Haus, sie ist die Fee, sie weiß den Namen des Hausbesitzers. Ich renne davon, finde ein Café, telefoniere.

Bald braust der Eigentümer vor, ich erkläre ihm den Fall, er erklärt mir, dass das Schloss gestern Nachmittag ausgetauscht wurde, weil der Mieter seit Monaten keinen Cent mehr überwies. Die Tür geht auf, selig umarme ich mein Gepäck.

Kurz nach neun besuche ich Benny und erzähle ihm die Geschichte von den dreihundert Dollar. Die ich gern von ihm hätte. Als Schmerzensgeld, als Gefahrenzulage, als Wiedergutmachung für eine schlaflose Nacht. Der Junge ist hell, er versteht sofort. Blecht er nicht, werde ich dem Boss und dem Hausbesitzer seinen Namen durchgeben. Benny murmelt noch was von »damned motherfucker« und holt die Scheine aus der Kasse. Draußen wartet Windhoek auf mich, wieder die Sonne, wieder die blaue Welt. Zärtlich streiche ich über das Bündel.

Mit dem Bus weiter nach Südafrika. Ich sitze allein in der hintersten Reihe, sorgfältig nähe ich das Geld in den Rucksack ein. Seit der Fahrt durch Nigeria gehört das zum Repertoire bestimmter Sicherheitsvorkehrungen. Ich erinnere mich an eine Szene am Flughafen in Lagos. Neben dem Schild »Don't give bribe« forderten die Zollbeamten ein letztes bribe, ein letztes Schmiergeld. Während sie an meinem Körper entlangfummelten, sah ich entspannt den Rucksack – mit dem raffiniert versteckten Geld – Richtung Flugzeug, Richtung Sicherheit verschwinden. Die Zöllner fauchten, ich lächelte. Dieser Augenblick war wichtig. Als Wiedergutmachung für manche Demütigung.

Nach achtzehn Stunden Ankunft in Johannesburg. Nachdem ich ein Hotel gefunden habe, gehe ich den weiten Weg hinaus nach Rosebank, einem hübschen Vorort. So hatte ich es mir vorgenommen, schon in Europa, schon von Anfang an. Denn hier liegt ein kleiner, stiller Friedhof und ein Mann, der – so will ich mir einbilden – mein Freund war. Er hieß Ken Oosterbroek, Jahrgang 1962, und wurde am frühen Nachmittag des 18. April 1994 erschossen. In Thokoza, einem elenden Viertel im Süden von Joburg. Fünf Tage vor den ersten demokratischen Wahlen, fünf Tage vor dem Ende der Apartheid.

Erlegt hat den »chief photographer« des Star, der auflagenstärksten Zeitung des Landes, ein Soldat der National Peace Keeping Force, der beim Marsch auf ein Zulu-Hostel die Nerven verlor und abdrückte. Tod aus Versehen. Die Kugel zerfetzte Kens Brust. Als er am Boden aufschlug, war er bereits tot. Das ist ein lächerlicher Trost für alle diejenigen, die ihn liebten. Wie seine junge Frau Monica, von der ich nicht weiß, wie sie zu einem anderen, einem helleren Leben zurückfinden wird. Zu oft habe ich die beiden gesehen, just madly, madly in love. Der Kerl war begabt, beunruhigend begabt. Kurz vor seinem Tod wurde er zum dritten Mal zum besten Fotografen seines Landes ausgezeichnet.

Vielleicht passt für ihn ein Satz von Cartier-Bresson, der einmal meinte, dass »das eine Auge weit geöffnet durch den Sucher schaut und das andere, das geschlossene, in die eigene Seele blickt« . Ken war radikal subjektiv. Sein Objektiv benutzte er, um seine Vision von der Welt herzuzeigen.

Bei einer gemeinsamen Reportage über die Gewalt in den Pendlerzügen lernten wir uns kennen. Ich erfuhr von seinem zähen Talent, zu kommunizieren mit denen, die er fotografierte. Ken war ein Verführer, ein Arbeiter, ein Schwitzer. Und ich war Zeuge seines täglichen Muts, will nicht mehr vergessen das Klicken einer Pistole, die drei Zentimeter vor seiner Bauchdecke Ladehemmung hatte. Eher riskierte er seine nackte Haut als den Verlust der Kameras und Filme. Er war das, was die Franzosen einen »amateur« nennen: Er war ein Liebhaber, einer, der liebte, was er tat. Ein paar Wochen vor seinem Tod, als wir das letzte Mal zusammenarbeiteten, entdeckte ich in seinem Büro die Statue eines abgerissenen Männchens. Das war er, inzwischen auch zum »most mugged photographer of the country« gekürt. Jenem armen Schwein, das am häufigsten überfallen wurde.

Von Max Frisch stammt das schöne Bild vom Schmerz, der sich als schwarzes Negativ in der Dunkelkammer des Herzens versteckt. Weil er, der Schmerz, Zeit braucht, um sich zu »entwickeln«. Damit es, das Herz, Zeit hat, sich an ihn zu gewöhnen, ihn auszuhalten. Dass einer weggeht, der so nahe war, das ist so schnell nicht zu begreifen.

Der schöne, himmelblau bestrahlte Friedhof. Teil einer anglikanischen Gemeinde. Es gibt keine Gräber, nur Wiese, Bäume, Sträucher. An einer unbekannten Stelle, einen halben Meter unter dem Gras, liegt die Box mit Kens Asche.

Ich habe nicht so viele Freunde. Und in Südafrika hatte ich nur den einen. Damit ich das jetzt aushalte, will ich von der heitersten Episode berichten, die wir erlebten. Wann immer es uns schlecht ging, hat einer den andern daran erinnert. Als Heilmittel gegen die Kriegsgeschichten in diesem Land: Wir saßen in unserem Leihwagen, irgendwo in Soweto. Die Türen standen offen, und Ken packte den Sandwichbeutel aus. Es war kurz nach ein Uhr mittags, seit 4.30 Uhr früh waren wir unterwegs, wir waren hungrig. Zwei friedliche Bissen schafften wir, dann sahen wir einen breiten Kerl auf uns zuschlendern. Ganz offensichtlich war auch er mit nüchternem Magen unterwegs, denn seine ausgehungerten Augen fixierten umgehend unser Pausenbrot. Nicht der Rede wert der Dicke, hätte er sich ohne seine meterlange Brechstange auf die Suche nach einem Mittagessen gemacht. Mit der deutete er auf unsere Hamburger und sagte trocken: »Her mit den Sandwiches.«

Nun, wir kamen davon. Der Brechstangenbesitzer ließ mit sich reden. Unser Hungergeheul imponierte ihm, mit der Hälfte der Beute trottete er davon. Eine Portion für den Dicken, eine für die zwei Dünnen, irgendwie schien uns das gerecht. Minuten später erfand Ken das Wort vom »sandwich-hijacker«. Ein sogleich geflügelter Ausdruck, der uns fortan immer fröhlich grinsend dazu veranlasste, Sicherheitsvorkehrungen zu treffen. Um eine pannenfreie Nahrungsaufnahme zu garantieren. Unser Auto war uns schon vor Tagen mit Waffengewalt gehijacked worden. Das Brot und die Fleischstücke, die zumindest wollten wir in Zukunft behalten.

Vor dem Friedhof nehme ich ein Taxi und fahre zum nächsten Reisebüro. Morgen fliege ich zurück. Die Reise durch Afrika ist zu Ende. Noch beim letzten Telefongespräch hatte Ken versprochen, mich wieder in Paris zu besuchen, ja mir ein südafrikanisches Sandwich vorbeizubringen. Unter der Bedingung allerdings, dass ich einen Kinderwagen die ganzen Champs-Élysées hinaufschiebe. Er meckerte vor Glück, wusste er doch, dass mir nicht vieles unerträglicher ist als der sonntagnachmittägliche Anblick kinderwagenschiebender Männer.

Das Meckern wird mir fehlen. Wie das Wurstbrot. Wie die Angst, die wir nie wieder haben dürfen, weil einer ums Eck schlendert, um unser Mittagessen zu beschlagnahmen. ■

MAROKKO
ALGERIEN
ÄGYPTEN
MAURETANIEN
MALI
NIGER
SUDAN
NIGERIA
ÄTHIOPIEN
UGANDA
KENIA
KONGO
RJANDA
BURUNDI
TANSANIA
NAMIBIA
BOTSWANA
SÜDAFRIKA
1 Addis Abeba
2 Agadez
3 Aïr Gebirge
4 Ariamsvlei
5 Ashe Tafari
6 Assuan
7 Axum
8 Bamako
9 Bujumbura
10 Bumba
11 Busia
12 Butare
13 Debre Damo
14 Debre Zeyt
15 Dire Dawa
16 Djado
17 Edfu
18 Erg Chebi
19 Fachi
20 Gao
21 Garissa
22 Harar
23 Johannesburg
24 Kagera-National Park
25 Kairo
26 Kampala
27 Kanyaru-Haut
28 Kayonza
29 Khartum
30 Kigali
31 Kinshasha
32 Kisumu
33 Kraké
34 Lisala
35 Lüderitz
36 Lyontande
37 Makgadikgadi-Pfanne
38 Malopo
39 Marsabit Mountain
40 Mbandaka
41 Merama Hill
42 Mopti
43 Mount Ziqualla
44 Nairobi
45 Naluwerere
46 Natron-See
47 Nouadhibou
48 Ol Doinyo Lengai
49 Ruhengeri
50 Ruwenzori
51 Sansibar
52 Sossusvlei
53 Tana-See
54 Tenere-Wüste
55 Timbuktu
56 Tsumkwe
57 Turkana-See
58 Victoria-See
59 Windhoek
60 Zouérat

MICHAEL MARTIN zählt seit Jahren zu den renommiertesten Afrika- und Wüstenfotografen und ist einer der gefragtesten Vortragsreferenten im deutschsprachigen Raum. Über 70 Reisen führten den Münchner quer durch den ganzen Kontinent. Der Diplom-Geograf veröffentlichte bislang elf Afrikabildbände und zahlreiche Kalender, seine Reportagen erscheinen in vielen Magazinen. Sein letztes Buch »Die Wüsten Afrikas« zählt zu den erfolgreichsten Bildbänden und ist in viele Sprachen übersetzt worden. Derzeit arbeitet Michael Martin an dem neuen Vortrags-, Fernseh- und Buchprojekt »Die Wüsten der Erde«.

www.michael-martin.de

ANDREAS ALTMANN studierte Psychologie und Jura und arbeitete in den verschiedensten Berufen, u. a. als Taxifahrer, Anlageberater, Nachtportier und Dressman. Nach einer Ausbildung am Mozarteum in Salzburg und Engagements in München (Residenztheater) und in Wien (Schauspielhaus) lebte er in einem indischen Ashram und einem Zenkloster in Kyoto. Lange Reisen durch Afrika, Asien und Südamerika, Arbeit als Ghostwriter in Paris, New York und Mexico City. Seit 1987 Reportagen für Magazine wie »Geo«, »Stern«, »Merian« etc. Altmann, der heute in Paris lebt, veröffentlichte bislang fünf Bücher und erhielt 1992 den Egon-Erwin-Kisch-Preis.

www.andreas-altmann.com

Die Deutsche Bibliothek – CIP-Einheitsaufnahme
Ein Titeldatensatz für diese Publikation ist bei
Der Deutschen Bibliothek erhältlich

Fotos: Michael Martin, München
Texte: Andreas Altmann, Paris und Michael Martin, München
Satellitenaufnahme (Seite 190): NASA GSFC; DLR
Lektorat: Gudrun Honke, Bochum
Umschlaggestaltung, Gesamtlayout, Karte: Anschi Hill, München
Herstellung und Satz: Karlheinz Rau, München
Lithografie: NovaConcept Kirchner GmbH, Berlin
Druck und Bindung: Editoriale Bortolazzi STEI s.r.l., Verona

Printed in Italy

ISBN 3-89405-604-5

Umwelthinweis: Das Papier wurde aus chlorfrei gebleichtem Zellstoff hergestellt und enthält keine Aufheller. Die Einschweißfolie – zum Schutz vor Verschmutzungen – ist aus umweltfreundlicher und recyclingfähiger PE-Folie.